Das verschachtelte Ich

Fröhliche Wissenschaft 164

Andreas Gehrlach

Das verschachtelte Ich

Individualräume des Eigentums

Inhalt

Ich nehme an, jeder hat schon einmal
darüber nachgedacht, wie urtümlich und poetisch
die Dinge sind, die man in der Tasche trägt –
das Taschenmesser zum Beispiel, der Archetyp
aller menschlichen Werkzeuge, die Kindsform
des Schwertes. Einmal hatte ich den Plan,
einen Band Gedichte nur über die Dinge
in meinen Taschen zu schreiben. Aber ich sah,
daß er zu lang werden würde,
und die Epoche der großen Epen ist vorbei.[1]

Gilbert Keith Chesterton

Vorwort

Vor einiger Zeit nahm ich an einer Stadtführung durch Berlin teil, die sich dem Thema Schlafen gewidmet hatte. Dabei wurden wir auch durch ein luxuriöses Bettenhaus geführt, in dem man auf handgefertigten Boxspringbetten aus seltenen Edelhölzern Probe liegen konnte, von denen einige fast 100 000 Euro kosten. Einer der Stadtführer war ein Obdachloser, der uns, nachdem er selbst eines dieser erstaunlich wenig bequemen Luxusbetten ausprobiert hatte, von seinem eigenen Blick auf die Stadt und ihre Schlafmöglichkeiten berichtete. Nur zwei Straßen entfernt von dem Betten-Showroom für das deutsche Oligarchentum zeigte er uns einen kleinen Park, in dem er besonders gerne übernachtete. Der Grund, weshalb er diesen Park im Berliner Westen so mochte, war schlicht der, dass die Bänke dort lang genug sind, um darauf ausgestreckt liegen zu können. Zwischen dem Luxusbett mit dem Preis einer kleinen Immobilie und dem minimalen Luxus, auf einer ungepolsterten Bank im Freien nachts die Beine ausstrecken zu können, liegen in Berlin im Jahr 2020 keine 200 Meter.

Im Lauf des Abends erzählte der Obdachlose noch mehr von dem schwierigen Leben, das man in einer europäischen Großstadt führt, wenn man zu arm für eine Wohnung oder auch nur ein eigenes Bett ist. Er berichtete auch davon, dass es ein ziemliches Problem darstellt, tagsüber keinen Ort zu haben, um den eigenen Besitz sicher unterzubringen. Wer ohne Wohnung lebt, muss sehr mobil sein, Obdachlosigkeit bedeutet ein stetiges Unterwegssein, ein dauerndes Umherlaufenmüssen. Deswegen können Obdachlose den Rucksack, die Reisetasche, den Koffer oder die vielen Plastiktüten, die ihr Eigentum sind und an denen man sie auf der Straße so leicht erkennen kann, nicht kontinuierlich mit sich umhertragen. Beim Pfandflaschensammeln oder Schnorren, beim Verkaufen von Straßenzeitungen in überfüllten U-Bahnen, bei Amtsterminen oder bei den sonstigen vielfältigen und oftmals sehr ermüdenden Tätigkeiten, mit denen sie sich durch- und herumschlagen, ist das schlicht keine Option. Wohnungslose können ihr Gepäck aber auch sonst kaum irgendwo einschließen oder unterstellen: Schließfächer sind zu teuer, Obdachlosenunterkünfte können die Lagerung von Gepäck nicht leisten, und auch sonst gibt es keinen sicheren Ort dafür. Deswegen, so erzählte der Stadtführer, haben die Berliner Obdachlosen eine bemerkenswerte Lösung entwickelt: Sie vergraben ihre Tasche tagsüber im Tiergarten oder in einem anderen der Berliner Parks. In einer dreckigen, feuchten Grube im Boden sind ihre Habseligkeiten wenigstens gut versteckt und so lange halbwegs sicher, bis sie sie abends wieder abholen.

Nicht wenige Obdachlose führen ein Leben, das es schwer macht, die exakten Orte ihres vergrabenen Eigentums im Gedächtnis zu behalten: Sie werden eingesperrt, haben psychische Probleme, gegen die sie mit einer oftmals improvisierten und gefährlichen Selbstmedikation vorgehen, sie müssen schnell ihren Ort wechseln oder vergessen aus sonst irgendwelchen Gründen, wo sie ihre Taschen genau deponiert haben. Unser Stadtführer meinte, dass es eines Tages für Historiker*innen und Archäolog*innen wohl ein ziemliches Rätsel darstellen wird, was die Dutzenden oder Hunderten Taschen und Koffer bedeuten mögen, die bei einer archäologischen Grabung im Tiergarten zum Vorschein kommen werden und die in keinen kulturellen Kontext eingeordnet werden können. Seit der Stadtführung üben diese Taschen – und Taschen überhaupt – eine immense Faszination auf mich aus – jenseits allen Voyeurismus. Sie sind Behälter, die die gesamte Habe eines Menschen umfassen. In ihnen sind alle Dinge enthalten, die zum Grundlegendsten gehören, was ein Mensch besitzen kann und was er braucht: Zahnbürsten, Wechselkleidung, Brillen, Medikamente. Aber auch kaputte Fidget-Spinner, Bücher, geliebte Erinnerungsstücke, nur zur Sicherheit aufbewahrte Sachen, ein Schweizer Taschenmesser, eine Notfallpackung der liebsten Süßigkeit, und bestimmt auch Nutzlosigkeiten, die einfach dort geblieben sind, weil sie der Person zum Wegwerfen zu wichtig waren.

Nur wenige Wochen nach dieser Stadtführung wartete ich an einem europäischen Flughafen auf das Boarding für meinen Rückflug nach Berlin. Dabei konnte man eines der großen Sicherheitsspektakel unserer Zeit beobachten: An irgendeiner Wand des Flughafens war ein völlig normal wirkender, aber herrenloser Koffer gefunden worden; es gab einige Durchsagen, die immer dringlicher wurden, und schon kurze Zeit nach seiner Entdeckung brach eine nur schlecht überspielte Hektik aus, es wurde viel gefunkt und schnell gelaufen; das Gate geräumt, der unscheinbare Rollkoffer großräumig abgeriegelt und von Dutzenden Polizisten bewacht. Eine Weile stand er dann alleine und arglos weiter an seiner Wand. Als endgültig niemand aufgetaucht war, die oder der das Gepäckstück noch als sein Eigen bezeichnen wollte, wurde das Schlimmstmögliche angenommen und der Koffer kurzerhand gesprengt. Was sich tatsächlich darin befunden hat, lässt sich nicht sagen. Wäre es wirklich Sprengstoff gewesen, hätte man mit ziemlicher Sicherheit von dem Anschlagsversuch gehört. Deswegen ist anzunehmen, dass sich in diesem Koffer in etwa das Gleiche befand, was auch in den Zehntausenden anderen Koffern ist, die jeden Tag in Flugzeuge verladen werden oder die im Berliner Tiergarten vergraben sind: Unterwäsche, Kleidung, ein Handyladekabel, ein Kugelschreiber, Tampons, ein Nagelknipser, eine halbleere Trinkflasche, ein Roman, ein Foto von jemandem und irgendetwas Wertloses, das dennoch jemandem wichtig ist. Und dann wahrscheinlich in vielen Taschen auch viel seltsamere Dinge wie eine Knoblauchpresse, ein kleines Plastiktütchen mit Ersatzschrauben, das irgendwo mal dabei war, eine fast leere Lippencreme, die nach »Avocado und Zuckerwatte« riechen soll, ein Kronkorken mit einem goldenen Drachen darauf, ein kleines Päckchen Sojasauce in Fischform und mit rotem Deckel und ein lädiertes Matchbox-Auto, dem man ansieht, dass es schon viele Kilometer durch den Sandkasten gefahren ist.

Alles kann wichtig sein. Alle diese Dinge und insbesondere die Behältnisse, in denen wir sie täglich mit uns herumtragen, sind das Thema dieses Buches. Sie sind wichtig für Menschen, und deswegen ist es ein ebenso wichtiges kulturwissenschaftliches Projekt, zu verstehen, warum wir all das überhaupt bei uns tragen, warum wir als Menschen an unseren Körper und unsere Gliedmaßen fast immer eine bemerkenswerte »Zusatzausstattung« heften, und auch, welchen Wert diese Dinge und ihre Behälter haben. Denn wenn man die Gepäckstücke von ihren Besitzer*innen trennt, ist oft nicht mehr klar, was an den einzelnen Dingen so wertvoll sein soll, dass sie mit einem so großen Aufwand herumtransportiert werden: In der einen Hand sind sie Schätze, in der anderen Schrott. Aus dieser Unklarheit heraus ist dieses Buch entstanden.

Jeder der billigen Blechlöffel in der Küchenschublade ist nach der juristischen Definition mein Eigentum, doch ist er auf ganz andere Weise, viel lockerer mit mir verbunden und damit »belangloser« als mein Lieblingsbuch im Regal neben dem Schreibtisch, das Schweizer Taschenmesser, das ich bei mir trage, seit ich ein kleiner Pfadfinder war, das abgewetzte Kuscheltier, das ich als Kind bekommen habe, oder all das, was ich in dem Schuhkarton aufbewahre, der ganz weit unter das Bett geschoben ist. Das Armband, die Lieblingsschuhe und die Kinderzeichnung am Kühlschrank sind materiell vielleicht nichts oder nicht viel wert, und dennoch sind diese Dinge für uns viel wertvoller, viel »eigentümlicher« als andere Gegenstände, die vielleicht einen größeren materiellen Wert haben. Auf den folgenden Seiten wird vom numerischen Wert der Gegenstände abgesehen und stattdessen auf die Intensität der besessenen Dinge geachtet werden. Das heißt, auf die Gegenstände, die nahe am Menschen sind, die lange und viel benutzt werden und die oftmals ein heimlicher oder nur zögerlich preisgegebener Besitz bleiben. Dabei lohnt es sich, nach den Orten dieser Dinge zu fragen: Wo und wie werden sie aufbewahrt, gelagert und transportiert? Und dabei fällt auf: Die Dinge dieser intensiven Besitzform haben meist keinen oder nur geringen Warenwert, ihr Nutzwert ist ebenso oft verschwindend gering. Sie werden in kleinen, privaten und hochindividualisierten Bereichen wie Taschen, Kästchen und Schubladen aufbewahrt oder sorgfältig und geschützt ausgestellt. Was alle diese Dinge auszeichnet, ist »das Geheimnis einer ganz bestimmten, fast zauberhaften Beziehung zu den Gegenständen«,[2] eine Heimlichkeit und Schutznotwendigkeit und eine Art der Fetischisierung, die aber nur für einen einzigen Menschen und einige seiner Gegenstände gilt und deshalb nicht mit der von Marx analysierten Metaphysik der Ware zu erklären ist, die den auf den Markt geworfenen Dingen ihren unterstellten Preis gibt. Ebenso wenig würde Freuds psychoanalytische und immer zur Pathologisierung neigende Theorie der Fetische für diese geliebten Gegenstände das richtige Vokabular liefern. Jede Person besitzt einige Dinge, deren alltägliche, aber immens aufgeladene Bedeutung nur ihr selbst verständlich ist, und die auch nicht als Projektion oder Übersteigerung ins Metaphysische zu erklären ist.

Und überhaupt: Sind alle diese individuellen und emotional hoch aufgeladenen Bezüge zu den Dingen mit dem Begriff des Eigentums zu beschreiben? Worin besteht im Bereich des Wertes und der alltäglichen Ökonomie die Differenz zwischen dem Kieselstein, den wir aus irgendeinem zufälligen Grund auf der Straße aufgehoben haben, und den anderen Kieselsteinen, die noch dort liegen? Juristisch gibt es gewiss zu jedem dieser Besitzfälle ausgeklügelte Bestimmungen und Regularien, doch sie beruhen alle auf der schematischen Anwendung der aus dem römischen Recht stammenden Kategorien des Eigentums, Besitzens und Nutznießens. Noch das marxistische Urteil, das dem kritisierten Privateigentum ein »personales Eigentum« gegenüberstellt, das auch in der sozialistischen Revolution unangetastet bleiben soll, trifft nicht den Kern dessen, wie Eigentum im Alltag und im konkreten Lebensvollzug funktioniert.

Jede Kultur entwickelt eine eigenständige Konzeption von Eigentum. In manchen menschlichen Gemeinschaften entsteht so über die Jahrhunderte ein ausgesprochen komplexes System an Beziehungsregeln zur Natur und zu den Gegenständen und Produkten, mit denen der Mensch täglich hantiert, die er ge- und verbraucht oder benutzt. Die meisten historischen oder auch gegenwärtigen Zivilisationen haben eine relativ lockere Bindung zu ihrer Umwelt jenseits der alltäglichen Umgebung: Die Wälder, Gebirge oder fremden Orte sind nur in einem Status des Vorhandenseins, sie bleiben dem Individuum in ihrer allgemeinen, abstrakt bleibenden Anwesenheit im selben göttlich geordneten Kosmos weitgehend fremd. Die meisten Dinge, Materialien und Pflanzen bekommen überhaupt erst dann eine Existenz, wenn sie gesammelt, hergestellt oder Teil einer täglichen Verrichtung werden. Davor haben sie keinen Eigentümer, sie existieren für die Menschen nicht einmal wirklich, und selbst wenn sie als hergestellte Dinge gegeben sind, ist ihr Status als Eigentum noch lange nicht klar: Sie können auch völlig beiläufig in Benutzung sein und bald wieder fallengelassen werden, sie können dem seltsamen Besitzanspruch eines Gottes unterliegen oder ein Gegenstand sein, der immer weitergeschenkt werden muss und der so nie zu Eigentum »gerinnen« kann.

Unsere derzeitige westliche Kultur kennt einen solchen offengelassenen Eigentumsstatus nicht. Im Verlauf der letzten Jahrhunderte wurden in unserer Zivilisation die drei spezifischen und ausgesprochen rigiden Eigentumsformen des Besitzes, des Eigentums und des Nießbrauchs auf die gesamte Welt ausgedehnt. Jeder Gegenstand, dem man in der spätkapitalistischen Zivilisation begegnen kann, hat eine Art unsichtbare Eigentumsmarkierung, kein Ding existiert ohne Eigentümer: Alles in unserer Kultur ist besessen. Auch wenn wir oft nicht wissen, wem ein Gegenstand gehört, so kann man doch immer ganz sicher sein, *dass* er jemandem gehört, dass ihm der unsichtbare Name seines Eigentümers eingeprägt ist und dass uns Sanktionen erwarten, wenn wir mit diesem Gegenstand falsch umgehen, ihn uns aneignen, ihn beschädigen oder ihn auch nur unerlaubterweise nutzen. In vielen Fällen haben Gegenstände dabei auch nicht nur einen manifesten oder anonymen Eigentümer, sondern sind ebenso jemandes Besitz und haben einen Nutznießer ihrer Funktion. So verworren diese Trinität aus Eigentumsformen und ihr Zusammenspiel scheint, sie bleibt doch weit unterkomplex, betrachtet man die vielfältigen Bezugsformen, in denen Menschen kulturell wie individuell zu »ihren« Dingen stehen können. »Eigentum« oder »Besitz« bilden in keiner Weise begrifflich ab, mit welcher Intensität und sogar Intimität manche Dinge besessen werden, während andere Dinge nur ein ausgesprochen distanziertes und zufälliges Eigentum darstellen, das in einem kontingenten oder sogar fraglichen Verhältnis zur Eigentümer*in steht und ihr fremd bleibt. Es gibt eine Vielfalt von »Eigentümlichkeiten« von Dingen und Orten, für die die juristische und ökonomische Sprache, die sich als dominanter Code der Dingbeziehung durchgesetzt hat, über kein zureichendes Vokabular verfügt.

Die juristisch-ökonomistischen Konzeptionen von Eigentum sind so formelhaft und »menschenleer«, dass sie dazu herausfordern, die Entwicklung einer Eigentumstheorie zu skizzieren, mit der sich diese alltäglichen, aber ungemein wichtigen Feinheiten, individuellen Spitzfindigkeiten und »Mucken« der Dinge, mit denen wir jeden Gegenstand zu uns in ein mehr oder weniger intensives Verhältnis setzen, besser beschreiben lassen. Viele Dinge sind uns nur zufällig, wegwerfbar und potenziell jederzeit austauschbar zur Seite gestellt, während andere Dinge so eng mit uns verbunden sind, dass sie für uns substanziell und geradezu wesenhaft zu werden beginnen. Jeder Mensch trägt nicht nur seinen Körper mit sich umher, sondern dazu noch eine Reihe verfertigter Gegenstände wie Kleidung, Werkzeuge, Prothesen, Taschen, Körbe, Beutel und Tüten voller wunderlicher oder banaler Dinge, die seinem Körper auf eine Weise zugeordnet sind, dass sie eher zu ihm gehören als zum Raum, der den Körper umgibt. In diesem Essay wird ein Ansatz zu einer *Theorie der Individualräume des Eigentums* entworfen. Bereits Gaston Bachelard hat eine solche Überlegung umrissen und von einer »Topo-Analyse der Intimitätsräume«[3] gesprochen, wobei er den Begriff des Individualraums von Georges Perec übernahm, für den Betten die »Individualräume par excellence«[4] darstellten. Dazu werden Begriffe und Konzepte entwickelt, mit denen vielleicht beschreibbar zu werden beginnt, was die Menschen in ihren ganz persönlichen und intimen Behältnissen, den Taschen, Rucksäcken und Beuteln mit sich tragen, was sie an wertlosen, aber so ausgesprochen wichtigen Dingen in ihren Schubladen, Kästen und Spinden aufbewahren und wie sich dieses extrem körpernahe und selbstkonstituierende Eigentum zu der Person verhält, der es gehört.

Zunächst werden einige grundsätzliche Überlegungen zum Menschen als taschentragendem und überhaupt »besitzendem Wesen« angestellt, die an Überlegungen von Ursula Le Guin anknüpfen. Das zweite Kapitel beschäftigt sich mit den kargen Habseligkeiten römischer Legionäre in ihrem ›Loculus‹. Das dritte Kapitel setzt sich mit der ›Kischte‹ auseinander, die jedes Mitglied der mittlerweile amerikanischen Religionsgemeinschaft der Hutterer erhält, wenn es erwachsen wird, und worin nicht nur Hygieneartikel, sondern vor allem Heimlichkeiten aufbewahrt werden. Im vierten Teil werden einige weitere ausgesprochen bezeichnende Beispiele für kleine, aber hochindividuelle und intensive Eigentumsräume wie Brotbeutel, Seemannskisten und die abgewetzten Koffer der in die Bundesrepublik geholten Gastarbeiter behandelt, bevor im fünften Teil Freuds Fall »Dora« auf die These hin neu gelesen wird, dass die Analysandin vor allem unter dem Eindringen verschiedener Männer in ihre körperliche und dingliche Intimsphäre zu leiden hatte. Im sechsten Kapitel wird, daran anschließend, ein Blick auf Erving Goffmans »totale Institutionen« geworfen, die meist schlicht die Institutionen sind, die versuchen, die Taschen der Menschen zu durchleuchten oder sie ihrer Individualräume – unabdingbare Komponenten für eine vollständige Persönlichkeitskonstitution – zu berauben. Im letzten Teil wird versucht, die Argumentation ins Anthropologische zu heben und mit einer Metapher Wittgensteins einige philosophische und eigentumstheoretische Schlussfolgerungen aus der hier ausgeleuchteten »Verschachtelung« des Menschen zu ziehen.

Tragesysteme um 200 000 v. Chr.

Arm sind wir geworden.[5]
Walter Benjamin

Über die früheste Geschichte des Menschen ist im Grunde nichts bekannt, und das, was wir wissen, wird aus Spuren und Überresten zusammengesetzt, die fast so karg und wenig aussagekräftig sind wie das Geröll, in dem sie gefunden werden. Das hindert die Wissenschaft und die allgemeine Fantasie allerdings keineswegs daran, sich in den buntesten Bildern und erstaunlichsten Details auszumalen, wie der »Urmensch« wohl gelebt haben mag. Zu dieser Überdeterminierung minimaler Indizien kommt noch hinzu, dass in einer solchen zeitlichen Entfernung die Zeit selbst relativ zu werden scheint: Man fasst Zehntausende Jahre und ganze Kontinente in einem Satz zusammen, und die Art, in der die Hypothesen über »die Höhlenmenschen« vorgebracht werden, zielt auf Grundsätzliches, das sich nicht mit bestimmten individuellen Stammesverbänden und deren spezifischer Art und Weise, sich mit ihrer Umwelt auseinanderzusetzen, begnügt: Die Texte, die das

Leben der ersten Menschen beschreiben, wollen den Mensch als solchen darstellen. So wie Menschen vor hundert- oder zweihunderttausend Jahren waren, so sind sie ihrem Wesen nach – das ist das Grundpostulat der Vor- und Frühgeschichte.

In seinem ausgesprochen skeptischen Buch über die *Religionen der Vorgeschichte* unternimmt der Paläontologe André Leroi-Gourhan eine Art Generalabrechnung mit dieser anthropologisierenden Archäologie, die aus minimalen Überresten von Kulturen, die vor Zehntausenden Jahren verschwunden sind, deren ganze Lebensformen und Weltverhältnisse erschließen können will. In einem Rundumschlag zeigt er, dass alle Theorien über die Religiosität unserer frühesten Vorfahren unbegründet sind und weit mehr der Fantasie des Ausgräbers als den materiellen Ergebnissen der Ausgrabungen entspringen. Die wenigen zufälligen Überreste, die fünfzehn-, fünfzig- oder zweihunderttausend Jahre überlebt haben, lassen keinen Schluss auf die Religion unserer Vorfahren zu, der wissenschaftlichen Standards entsprechen kann. Wo in Fachtexten aus Bärenschädeln oder der Position bestimmter Knochen ein Bärenkult oder ein Ritualwesen extrapoliert wurde, das um menschliche Schädel kreiste, weist Leroi-Gourhan immer wieder in einem lakonischen oder resignierten Tonfall darauf hin, dass Schädel, die in Felsspalten gefunden wurden, nicht gefunden wurden, weil sie bewusst in Spalten abgelegt wurden, sondern weil von den vielen, vielen Schädeln eben diejenigen überlebt haben, die in Felsspalten geschützt zum Liegen kamen. Diese überinterpretierten Bärenschädel blieben übrig, während Zehntausende andere Bären- oder Menschenschädel vollständig verrottet sind. Höhlen sind trocken, ihr Gestein bildet eine leicht basische Umgebung, die für die Lagerung von Knochen ideal ist, und Höhlen bieten einen buchstäblich granitenen Schutz gegen mechanische Zerstörung: Dass uns so viel von den »Höhlenmenschen« in Höhlen überliefert ist, liegt wohl eher an den Höhlen als daran, dass sie von den Menschen besonders viel genutzt wurden. Von den Urmenschen wird also nur als Höhlenmenschen gesprochen, weil all das, was sie auf Lichtungen, Hügelkuppen und in idyllischen Bachtälern zurückgelassen haben, verschwunden ist. Die kontingente Tatsache eines Fundes lässt keinen Schluss auf eine zugrundeliegende Intentionalität zu, sondern zuerst nur darauf, dass seine Lage den Fund nicht vernichtet hat. Leroi-Gourhans Entkräftung von Vorurteilen ist konsequent:

> Sollte der Pithecanthropus seinen Tag mit einer Hymne an die aufgehende Sonne begonnen haben, so ist davon jedenfalls nichts übriggeblieben; bestenfalls haben die knöchernen Spuren seiner Jagden und sein eigenes Skelett überdau-

ern können, und läßt man einmal alle sonstigen Hypothesen beiseite, so dürfte nur eine schmale Aureole von Material erhalten geblieben sein, das die Religionsgeschichte auswerten kann.[6]

Der schöne Gedanke eines Sonnengesangs des Java-Menschen (Pithecanthropus) ist nicht beweisbar, denn dieses Lied ist verhallt und wird nie mehr gehört werden. An wirklichen Hinterlassenschaften der Vorgeschichte gibt es nicht viel, es gibt noch viel weniger, was wirklich verwertet werden kann, und noch sehr viel weniger, von dem sich für den Menschen der Vorgeschichte irgendeine höhere Bedeutung annehmen ließe. Leroi-Gourhan beschreibt die Problematik des glücklichen Paläontologen, der an einer reichen Fundstelle arbeitet, die aber nie mehr zu bieten hat als einige Knochenfragmente und Steine, als die Interpretation einer Theaterszene: »So haben wir nichts als eine leere Bühne vor uns, ganz so, als müßten wir ein Stück, das wir nie gesehen haben, aus ein paar bemalten Kulissen rekonstruieren, auf denen nichts als ein Schloß, ein See und dahinter ein Wald dargestellt wäre.«[7] Entsprechend sind die sehr seltenen Kulissenfragmente, an denen eine Absicht der ersten Menschen ablesbar ist, von allerhöchster Bedeutung, und es ist extrem verlockend, ihre Aussagekraft zu überschätzen. Ein *locus classicus* und eine Lieblingsszenerie der Paläanthropologie bilden daher die Gräber der frühen Menschen: Wo immer Skelettreste gefunden wurden, wird besonders danach Ausschau gehalten, was außer Knochenfragmenten noch im Grab abgelegt wurde, und sobald etwas nicht zum Knochenbau des Verstorbenen Gehörendes gefunden wird, wird diesem Gegenstand die allerhöchste Bedeutung beigemessen. Der Knochensplitter eines anderen Lebewesens, ein ungewöhnlich zerbrochener Stein oder ein anderweitiges irgendwie bearbeitetes Material, das im Grab liegt, wird in ein bestimmtes Theaterstück eingeordnet, das so gut wie immer einen religiösen Inhalt hat. Die Wahrscheinlichkeit, dass eine Grabbeigabe als Hinweis auf die Religiosität des Pithecanthropoiden verstanden wird, war und ist in der Urzeitwissenschaft extrem hoch. Die Attraktivität der »kultischen Interpretation« liegt dabei darin, dass sich ihr sofort weitere Schlussfolgerungen im Symbolsystem der Religion anschließen. Nicht zuletzt wird aus diesen scheinbar religiös genutzten Gegenständen die Idee eines Lebens nach dem Tod konstruiert. Darin besteht seit dem 19. Jahrhundert die Schlussfolgerung aus der Überlegung, der Tote würde den Gegenstand ja nicht mehr benötigen, und dieser müsse ihm daher für ein Leben nach dem Tod mitgegeben worden sein. Das würde wiederum bedeuten, dass zwar die Gesänge der Pithecanthropoiden verhallt sind, dass die Urmenschen aber erwiesenermaßen mit einer Jenseitshoffnung in ihren Köpfen und Herzen durch's gletscherkalte Europa zogen. Dass Grabbeigaben eindeutige Beweise für Jenseitsvorstellungen sind, ist eine automatisierte »Stückbeschreibung«, um deren folgerichtige Begründung man sich gar nicht mehr bemühen muss. Auf die Frage, ob unsere entferntesten Vorfahren eine Vorstellung vom Jenseits besaßen, die auf ein entwickeltes Glaubenssystem und auf Religion im strengen Sinn hinweisen würde, scheint André Leroi-Gourhan zunächst mit der gewohnten These zu antworten: »Wäre gesichert, daß die Verstorbenen mit den Gegenständen ihres täglichen Gebrauchs begraben wurden, so ließe dies den Schluß zu, daß man sie für eine andere Welt ausrüstete, in der sie ihre Tätigkeiten fortsetzen würden.«[8] Er fügt dem aber eine skeptische Überlegung an: Ebenso naheliegend könnte es sein, schreibt er, dass die Praxis, Menschen mit ihrem Schmuck und ihren Alltagsdingen zu begraben, auch aus einer »Abneigung gegen Leichenfledderei«[9] entstanden sei. Den Toten wurden nach dieser Interpretation ihre persönlichen Gegenstände nicht ins Grab mitgegeben, sie wurden ihnen nur einfach nicht weggenommen. Allerdings findet Leroi-Gourhan diese Überlegung, die man als »sepulkral-personale Zugehörigkeitshypothese« bezeichnen könnte und die die Abneigung gegen Leichenfledderei als Motivgrundlage wählt, nur dann plausibel, wenn die Gegenstände *auf*, nicht jedoch *im* Grab liegen, wo sie durchaus einer Tätigkeitsfortsetzung im Jenseits zuordenbar seien. In dieser Hinsicht ist Leroi-Gourhans Theseführung ein wenig inkonsequent: Warum sollte der Mensch nicht einfach so begraben werden, wie er gestorben ist? Weshalb sollten seine Taschen geleert worden und seine Ketten vom Hals genommen worden sein, um ihn zu begraben und sie ihm dann wiederum auf das Grab zu legen? Man kann sich den Urmenschen ebenso als jemanden vorstellen, der respektvoll und mit einer gewissen Ehrfurcht mit seinen toten Angehörigen umging und es etwas abstoßend gefunden hätte, Tote zu durchsuchen, um ihnen das wegzunehmen, was ihnen als lebenden Personen gehört hat.[10]

Weil die Rolle von Grabbeigaben in der Archäologie kaum überschätzt werden kann, hatte Leroi-Gourhans These kaum Chancen, sich durchzusetzen. Dass den Toten ihre Habe gelassen wird, weil sie auch im Jenseits Bedarf an Schmuck, Messern und Körben haben, ist denkbar. Dass sie aber ihre persönlichen Gegenstände in die Gräber gelegt bekamen, weil diese Dinge eben ihr persönliches Eigentum waren, und jedes andere Vorgehen als eine Pietätlosigkeit erschienen wäre, ist die weit pragmatischere, aber eben weniger pittoreske Alternative. Als höfliche und nicht hochreligiöse

Steinzeitmenschen erzeugen unsere Urvorfahren nicht nur eine geringere Faszinationskraft, mit ihnen verliert auch die Archäologie einiges an Buntheit ihrer Deutungen.

Der genaue Vergleich zur heutigen Zeit verschafft der prosaischeren Variante dennoch Plausibilität: Denn ebenso wie es in unseren Tagen unangemessen erschiene, jemandem nach dem Ende seines Lebens sein Smartphone, seine Lieblingsschuhe, ihre Brille und ihren Ehering wegzunehmen, um diese weiter zu benutzen, könnte es wie eine Art Leichenfledderei erschienen sein, jemandem seine Kette aus Hirschzähnen, seinen aus Weidenzweigen gefertigten Sammelkorb, sein Messer oder seinen Jagdbogen zu entwenden. Als Grund erschiene schlicht, dass die Dinge ihm gehörten und von ihm viel und gerne benutzt wurden. Der Mensch der Vorgeschichte hätte sich von einem hochreligiösen Wesen in eines verwandelt, das nicht zwangsläufig totemistisch-jenseitsorientiert wäre, sondern das eine schlichte Achtung vor dem personalen Eigentum der Menschen aufwies. Ockhams Rasiermesser deutet jedenfalls in die Richtung der personalen Zugehörigkeitshypothese und nicht in die der Jenseitsreligiosität. Die moderne Beerdigungskultur der westlichen Zivilisation, aus der fast alle Ausgräber stammen, beruht auf der für uns so eindeutig festgelegten Begräbnispraxis, dass letzte Hemden im übertragenen wie im tatsächlichen Sinn keine Taschen haben dürfen: Unsere Toten werden ausgeplündert, wir betreiben genau die Leichenfledderei, die abzulehnen Leroi-Gourhan unseren pietätvolleren Vorfahren zutraut.

Die personale Zugehörigkeitshypothese bleibt aber ebenfalls nur eine Hypothese und schließt von den Kulissenresten auf das Stück. Sie ist in keiner Weise besser informiert oder beruht gar auf mehr Material als diejenige, die in den Grabbeigaben den Beweis für eine Jenseitsgläubigkeit sieht. Ganz im Gegenteil: Alles, was relevant für diese Hypothese wäre, ist verrottet. Die Annahme einer hochreligiösen Urgesellschaft ist aber alt und etabliert genug, um sie für einen Augenblick zur Seite zu legen und sich dem Bild eines Urmenschen zuzuwenden, der seine Toten achtete. Dieser Typus hielt damit die Dinge, die ein Mensch benutzte, intensiver »ihrem« Menschen zugehörig als wir dies tun, und vielleicht ist Leroi-Gourhans Formulierung der »Leichenfledderei« sogar ausgesprochen richtig gewählt: Vielleicht galten die wenigen Ketten und Messer, die in den Gräbern gefunden wurden, den begrabenen Menschen als körperlich zugehörig und auf eine so manifeste Weise mit ihnen verbunden, dass von einer körperlichen Einheit gesprochen werden kann, die zu brechen eine unselige und verfemte Handlung gewesen wäre, weil sie in die Unversehrtheit der Toten eingegriffen hätte.

Diese Hypothese der Zugehörigkeit mancher Dinge zum Körper wird auch aus anderen Disziplinen gestützt. Die historische Bildwissenschaft behandelt die Zusammengehörigkeit von Person und Ding in der Erforschung der Attribute mythischer Figuren: Attribute sind Dinge, die von einer Figur nicht abgelöst werden können, »ohne ihr die Identität zu nehmen und ohne die Integrität ihres Körpers zu gefährden«.[11] Petrus ohne seinen ikonischen Schlüssel und die heilige Barbara ohne Turm wären einfach irgendwelche dekorativen Gestalten, Perseus ohne Schild wäre dem ungeheuren Blick der Medusa ausgesetzt, und Herkules ohne Löwenfell wäre nur irgendein nackter Muskelprotz. »Der bloße Körper und seine Ausstattung bilden, wenn man so möchte, eine physische Einheit, deren Integrität man verletzten würde, wenn man die Figuren ihrer – dem Körper vermeintlich nur angefügten – Attribute entkleiden würde.«[12] Am wichtigsten für die Erforschung der intimen Zugehörigkeit von Dingen zu Menschen erweist sich die Soziologie, die sich intensiv mit dieser besonderen Eigentumsform beschäftigt hat. Der Soziologe Thorstein Veblen versuchte in einem kleinen Aufsatz, einen »Ursprung des Besitzens« zu finden und beschreibbar zu machen, wie und auf welche Weise vorzivilisierte Menschen sich zu den Dingen verhielten. In »The Beginnings of Ownership« stellt Veblen infrage, dass Personen, die er noch »Barbaren« nennt, dieselbe Wahrnehmung der Dinge als Eigentum hatten, wie die klassische und sozialistische Ökonomie ihnen immer unterstellte. Die Tatsache, dass die Konzeptionen von Eigentum radikalen Wandlungen unterliegen, gibt ihm Recht: Dass uns »Modernen« schon das Konzept einer feudalen Eigentumsverteilung in der Welt fremd ist, spricht dafür, dass uns historisch und kulturell noch fernere Eigentumsvorstellungen noch wesentlich schwerer zugänglich sind. Veblen stellt dazu fest, dass die Wahrnehmung der Welt lange Zeit von einer intensiven Verbindung der Menschen mit ihrer dinglichen Umgebung ausging. Er beschreibt diese materielle Weltverbundenheit als Charakteristikum »einer starken und durchdringenden Subjektivität, deren Entfaltung ausschlaggebend ist und die es in allen Verhältnissen im Blick zu halten gilt, in die Menschen oder Dinge eintreten«.[13] Jede Beziehung des Menschen mit der Welt kann als eine Berührung und als buchstäblich oberflächlich gesehen, sie kann aber auch als eine gegenseitige Überlappung und Durchdringung beschrieben werden. Aus dieser dem modernen Privateigentum fremden Ungetrenntheit von Dingen und Menschen folgt eine Eigentumskonzeption, die der von Leroi-Gourhan angedeuteten entspricht:

> Nimmt man diesen Gedanken ernst, ist das Verhältnis jedes Individuums zu seinen Habseligkeiten als intmer zu begreifen als nur als reine Eigentümerschaft. Eigentum ist für dessen Beschreibung zu äußerlich und zu farblos. [...] Individualität ist in ihm so empfunden, dass sie auf eine etwas unklare und undurchsichtige Weise einen ziemlich weiten Kreis an Dingen und Fakten einbezieht, die mehr oder weniger unmittelbar zur Person gehören.[11]

Veblen versucht, eine Zusammengehörigkeit von Menschen und Gegenständen zu beschreiben, wie sie auch die pietätvollen frühen Menschen in Leroi-Gourhans Szenario gefühlt haben mögen. Die Dinge, die zu Veblens leider etwas essenzialistisch gezeichnetem »Wilden« gehören, werden von ihm auf interessante Weise dargestellt: Sie sind ausgesprochen intensives körpernahes Eigentum, das aber kontrastiv dazu in einer Vagheit und Unsicherheit verbleibt. Was Veblen aufzählt, ist auch für uns modern-aufgeklärte Wilde unmittelbar einleuchtend: der Schatten, das Spiegelbild, der Name, die Tätowierungen, der Atem, insbesondere wenn er sichtbar wird, der Hand- und Fußabdruck, Abbildungen des Körpers und seine Ausscheidungen, Haare und Fingernägel. Bis zu diesem Punkt ist es leicht, Veblens Beschreibung zu folgen: Abbilder und Dinge, die einmal zum

Körper gehörten, sind substanzieller mit ihm verbunden als andere zum Körper gehörige Gegenstände. Ab dann beginnt in Veblens Aufzählung ein Bereich, dessen Eigentumscharakter in der westlichen Vorstellung in den Bereich des Privateigentums kippt: »sein Schmuck, seine Amulette; Kleidung, die täglich benutzt wird, besonders wenn sie an seinen Körper angepasst ist [...]; seine Waffen, besonders seine Lieblingswaffen und die, die er gewöhnlich dabei hat«.[15] Auch dem kann aus westlich-moderner Perspektive noch zugestimmt werden: maßgeschneiderte Kleidung, Schmuck und Glücksbringer oder Schuhe und Taschen, die sich durch langes Tragen dem Körper des Trägers angepasst haben und in denen sich die Füße und Hände intuitiv zuhause fühlen, sind mehr als nur Gegenstände in privatem Besitz, sie sind dem Körper auf eine Weise angepasst, dass sie zu »Prothesen« werden: Sie sind nicht nur Werkzeuge zur täglichen Lebensbewältigung, sondern sie funktionieren als Erweiterungen des Körpers, die zur Person selbst gehören und nicht nur zu ihrem Hort an gesammelten oder verfügbar gehaltenen Dingen. Veblen benutzt zur Beschreibung dessen, wie diese Dinge zu ihren Trägern stehen, das Wort »organisch«, das auch zu Leroi-Gourhans Idee passt, den Toten ihre Dinge nicht wegzunehmen, weil damit eine Leichenschändung begangen würde. Dass es sich eher um Organe als um Werkzeuge handelt, ist dabei wichtig: Alle von Veblen aufgezählten Gegenstände und Attribute haben keinen streng technisch-artifiziellen Charakter, sondern werden zu Erweiterungen des Körpers. Verlässt man mit der Fortführung dieser Liste langsam den Nahraum des Körpers und beginnt, über den Pfeil zu sprechen, den der Jäger abschießt, die Hacke, mit der der frühe Landwirt die Erde aufbricht, und die Zeltstange, die er nach einem Winter in den Wald wirft, oder den Stein, mit dem er einen kleinen Bach aufstaut, um besser angeln zu können, ist dabei zu bemerken, dass Körper und Dinge immer deutlicher voneinander getrennt sind und sich fremd gegenüberstehen. Veblens Argumentation besteht darin, einen Übergang von organischem Körpereigentum über nur zeitweilig genutzte Dinge bis in den Bereich der Natur zu skizzieren und damit das, was wir geschlossen als »Eigentum« bezeichnen, als einen graduellen Prozess der Aneignung und Ablegung mit vielen Zwischenstufen der Bezogenheit auf den Menschen darzustellen. An Veblens Aufzählung fällt allerdings noch etwas anderes auf: Mit der Waffe des Jägers oder Kriegers endet die eindeutige Zugehörigkeit der Dinge zu einem individuellen Menschen. Dass es für Veblen außer Frage steht, dass ausgerechnet Waffen ein solcherart personales Eigentum darstellen, ist zwei ausgesprochen viktorianischen Annahmen geschuldet: der, dass der Wilde männlich ist und er deswegen zuvorderst Waffen braucht und benutzt, und der, dass es sich bei den Gegenständen, die aus der Urzeit des Menschen auf uns gekommen sind, auch um diejenigen handelt, die damals besonders wichtig waren, und nicht um jene, die schlicht nicht verrottet sind. Beide Unterstellungen lassen sich recht leicht widerlegen: Die Knochenstrukturen weiblicher Urzeitmenschen entsprechen denen moderner Hochleistungsathletinnen, was darauf schließen lässt, dass sie nicht nur in der Geborgenheit der Höhle am Herdfeuer saßen. Und dass so viele Steinwaffen gefunden wurden, liegt nicht daran, dass diese so waffenfixiert gewesen wären, sondern an der Stabilität von Steinen, was ja auch der Grund war, aus ihnen Waffen zu fertigen. Daher ist die Wahrscheinlichkeit, dass unter einem südfranzösischen Abri ein Faustkeil und eine Speerspitze gefunden werden, wesentlich höher als die, dort noch Reste eines aus Birkenrinde geflochtenen Korbes oder einer Umhängetasche aus Rentierleder zu bergen. Rein der Masse der Materialien der Steinzeit nach zu urteilen, wäre eine Umbenennung in »Korbzeit« oder »Lederzeit« jedoch angemessener.

Die Epochenbezeichnungen, die sich eingebürgert haben, orientieren sich jedoch nicht an den Materialien, die zur jeweiligen Zeit die wichtigsten waren, sondern an den Dingen, die übrigblieben, weil sie im Verlauf der Jahrtausende nicht zerfallen sind. Der Faktor des Zerfalls und des Verschwindens, der »Entropie der Alltagsdinge«, schon zu Zeiten ihrer Benutzung darf in der Betrachtung der Materialität der vergangenen Kulturen jedoch nicht unterschätzt werden: Bis zur menschheitsgeschichtlich sehr späten Erfindung von Plastik, Edelstahl und chemischen Verfahren der Haltbarmachung waren die meisten Gegenstände des täglichen Gebrauchs einer dauernden Abnutzung und konstantem Verfall ausgesetzt. Dieser Verfall wird in antiken Texten beschrieben, wenn sie zum Beispiel dazu mahnen, sich nicht »Schätze auf der Erde« zu sammeln, wo sie von »Motten und Fraß« zerstört werden.[16] Luther übersetzte in der Bibel statt »Fraß« »Rost«, und mit »Motten« können auch Milben, Mäuse, Bohrkäfer, Würmer und jede andere Art von materieverzehrendem Ungeziefer gemeint sein, das jedes denkbare Material zu zernagen begann, sobald es die Werkstatt verließ. Anstatt ohnehin verrottende Schätze auf der Erde anzuhäufen, schlägt das Matthäusevangelium vor, lieber »Schätze im Himmel« zu sammeln. Das ist insofern bemerkenswert, als der Himmel damit als der paradiesische Ort definiert wird, wo »weder Motten noch Rost« existieren: Für die Menschen war der Himmel nicht nur der Ort ewigen Lebens, sondern auch der Ort, wo die Dinge nicht zerfielen, der Ort ohne Entropie. Den Himmel als den Ort zu bestimmen, an dem das Eigentum absolut konserviert ist, bereitet die ausgesprochen bürgerliche Paradieskonzeption vor, aus der Max Weber letztlich den Kapitalismus entstehen sah: Der diesseitige Wohlstand der protestantischen Christen war dann nur der weltlich-materielle, aber unmissverständliche Abglanz des wahren und vor allem ewigen Reichtums, der den Gläubigen im Jenseits erwartete. Der Bibelspruch zeigt aber nicht nur die Ahnung vom Himmel als einer Art absolutem Bankhaus, er benennt in der Folge auch die Intimität, durch die Menschen mit ihren Habseligkeiten verbunden sind: Mit dem viel zitierten »wo dein Schatz ist, da wird dein Herz sein« formuliert dieser Abschnitt des Evangeliums im Grunde dieselbe Idee wie Thorstein Veblen später mit dem Gedanken der engen Zugehörigkeit einiger Dinge zum Menschen: Manche Gegenstände sind viel eher Organ als Besitz.

Diesen Versen der Bibel liegt eine nachdrücklich gefühlte Zerfallserfahrung zugrunde, eine Angst vor der unmerklichen Abnutzung und dem allmählichen Verschwinden der Dinge. Dieses Erleben des Schwindens und der langsamen Auflösung aller Gegenstände ist eine Erfahrung, die in einer Welt technisch ausgereifter industrieller Produktion und ausgesprochen beschleunigten Konsums bei gleichzeitiger bewundernswerter Haltbarkeit der Dinge nicht mehr in der Intensität wahrgenommen werden kann wie es vor zweitausend oder noch zweihundert Jahren der Fall war. Kommerzielle Strategien wie »geplante Obsoleszenz«, die Geräten ein einprogrammiertes Verfallsdatum mitgibt, sind vor allem Anzeichen dafür, wie lange die Gegenstände eigentlich zu funktionieren in der Lage wären. Dass ein Kleidungsstück langsam »fadenscheinig« wird oder »abgetragen« zu wirken beginnt, dass Küchenmesser »abgewetzt« werden und dass Taschen und Hosen »ausgebeult« wirken, all dies sind selbst schon gewissermaßen abgenutzte und »zerschlissene« Wörter, die ihrer ursprünglichen Funktion nicht mehr nachkommen können. Beispiele für diesen »Fraß« waren in fast allen Bereichen des materiellen Lebens zu finden: Der Goldschnitt von Büchern war lange Zeit nicht nur eine verkaufsfördernde Dekoration, sondern er war notwendig gegen Mäuse- und Milbenbefall sowie gegen Schimmel und Buchfraß. Der »Faulpelz«, der heute nur noch eine habituell tätigkeitsunwillige Person bezeichnet, war ursprünglich der Schimmelbefall von Gegenständen, die zu lange im Schatten einer feuchten Hausecke lagen, und der »Rote Zerfall« ließ die Einbände ganzer ledergebundener Bibliotheken zu feinem rötlichem Staub zerbröseln. All diese Probleme der Auflösung von Dingen in den Händen und Häusern ihrer Besitzer und die Begriffe dafür sind bereits selbst nur noch antiquarisch und pflegebedürftig. Was erhalten bleiben sollte, brauchte dauernde Ausbesserung und Reparatur, die ganze Berufsstände hervorbrachte. Scherenschleifer, Kesselflicker, Besenbinder und Lumpensammler, aber auch die weniger bekannten Löffelschnitzer und Mausefallenhändler zogen noch bis weit ins 20. Jahrhundert durch die Dörfer, um Schädlinge zu vertreiben, Küchengeräte auszubessern oder abgenutzte Dinge zu verwerten. Vielleicht ist im Begriff der Verwesung noch am ehesten zu spüren, dass allem Wesenhaften die Richtung zu seinem Zerfall mitgegeben war. Dass Worte wie »ausgelaugt«, »zermürbt« und »aufgerieben« nur noch für den Leistungszustand und die psychische Verfassung von Personen und nicht mehr für die vielfältigen Formen einer alltäglich-schleichenden Zersetzung von Gegenständen verwendet werden, für die sie noch vor hundert Jahren standen, sagt viel über die Robustheit der Dinge und über die Behandlung von Menschen im Spätkapitalismus.

Bis zur Erfindung der Kunststoffe war also alle materielle Kultur in langsamem Bröckeln, Modern, Rosten, Faulen und Verschwinden begriffen, der Kampf dagegen geriet zur Dauermission. In antiken und mittelalterlichen Kulturen, deren Innenräume nicht so trocken, hermetisch gegen Schädlinge abgeriegelt und klimatisch stabil gehalten werden konnten, stellte sich dieses Problem in gesteigertem Maß, und jedem Gegenstand, und jedem Material, das nicht von selbst einem Schwund und einem Verschwinden unterlag, kam herausragender Wert zu. Dass Gold und Edelsteine so bedeutende und wertvolle Elemente werden konnten und dass ihnen in vielen antiken – und nach wie vor auf gewandelte Weise auch modernen Kulturen – eine Verehrung als einer Art göttlicher Materie zukommt, liegt nicht zuletzt an genau dieser wundersamen Haltbarkeit: Gold rostet nicht, es zeigt keine Entropie. Alle Dinge, die aus Edelmetallen und leuchtenden Steinen gemacht sind, bleiben in ihrem Glanz und ihrer Farbkraft über Generationen und Jahrhunderte erhalten. Allein dadurch tragen Gegenstände aus Edelmetallen eine Art Abglanz der Ewigkeit, die ihnen ihren Wert gibt und sie zur Wertstabilisierung anderer Dinge verwendbar macht. Plastik ist billiger als Gold, übertrifft es aber fast noch, was die Haltbarkeit angeht, was man daran sehen kann, wie sehr es über Jahrzehnte auch noch in Ozeanen die Form hält. Im Zeitalter des Plastiks ist das Wissen darum, dass jeder Gegenstand, der nicht innerhalb weniger Jahre zerfällt, extrem wertvoll ist, selbst obsolet geworden.

Dass stabile Materialien bis in die Neuzeit mit Wertigkeit assoziiert wurden und ihnen auch epochale Prägekraft zukam, macht jedoch noch lange nicht plausibel, warum in der Darstellung urzeitlicher Werkzeuge von Veblen bis zu den Großdioramen in Museen die *Waffe* so eine dominante Stellung einnimmt. Nicht zuletzt weil damit eine menschheitsgeschichtliche und sogar anthropologische Perspektive nahegelegt wird, die die Science-Fiction-Autorin und feministisch-anarchistische Theoretikerin Ursula Le Guin energisch kritisierte: Der erste Mensch, so meint man und so dachte es noch Freud in seinen spekulativen Überlegungen zur Urhorde, erfand irgendwann die Keule, den Faustkeil und die Axt, die ihm einen immensen Vorteil gegenüber seiner Umwelt verschafften und die ihn durch ihren Gebrauch erst zum Menschen werden ließen. Und diese Waffe nutzte er zum Mord – in der Regel eines Mammuts, dem Klischee nach, oder am Vater, wie in Freuds Mythos. So spekuliert Freud in *Totem und Tabu* in einem in Klammern gesetzten Satz über die Frage, weshalb die Sohneshorde gerade zu diesem Zeitpunkt beschloss, den Vater anzugreifen: »Vielleicht hatte ein Kulturfortschritt, die Handhabung einer neuen Waffe, ihnen das Gefühl der Überlegenheit gegeben.«[17] Das erklärungsrelevanteste Moment der historischen Spekulation Freuds besteht also eigentlich in dieser technischen Entwicklung, die den Vatermord erst nach sich zog. Le Guin stört dieser Ursprungsmythos der Technik als Gewalttechnik, der im 19. Jahrhundert, dem auch noch Freud angehört, so unmittelbar einleuchtete. Dieser Idee von Kulturfortschritt, die – so Le Guins Beobachtung – vor allem in der Verbesserung dessen bestand, was töten konnte, liegt ein ganz bestimmtes Konzept von Technologie zugrunde, das von einer herrschaftlichen und patriarchalen Grundannahme getragen wird. Le Guin ist diese Werkzeugverwendung als »die Benutzung langer, harter Objekte zum Zustechen, Schlagen und Töten«[18] schlicht unsympathisch, und sie stellt dieser tumben Aggressionsfantasie der Urhorde eine andere Theorie entgegen, die statt der Waffe das Gefäß als erstes Werkzeug des Menschen annimmt: Le Guin bestimmt den Korb, die Tasche oder die Rindendose als das erste Werkzeug des Menschen. Sie legt dafür ebenso wenig einen Beweis vor wie andere spekulative Paläontologen. Weil der weitaus größte Teil der Ernährung der nomadisch lebenden ersten Menschengruppen pflanzlicher Art war, ist Le Guin aber kaum zu widersprechen: Fleisch macht nur höchstens ein Fünftel der Nahrungsmenge solcher Gruppen aus und besteht meist aus Fisch oder Kleinsäugern. Bei Jäger*innen und Sammler*innen sind die Sammler deshalb die deutlich wichtigere Gruppe. Daher kann mit einiger Wahrscheinlichkeit behauptet werden, dass das erste wirkliche Werkzeug des Menschen ein praktisch geformtes Rindenstück war, und nicht unbedingt eine Keule.

Alles Wissen über das erste Werkzeug bleibt aber unsicher und spekulativ: Es ist kein tatsächlicher Ursprung und kein »erstes Werkzeug« festzustellen, aber in solchen Debatten um Ursprünge, in die sich Ursula Le Guin mit ihrer Tragetaschenhypothese einmischt, geht es nie um eine »Tatsächlichkeit des Ersten«, sondern darum, was dadurch als »Paradigma des Gegenwärtigen« bestimmt wird. Es geht in diesen Geschichten nicht darum, zu beschreiben, was der Mensch einst *war*, sondern was er immer noch und unabänderlich *ist*. Freuds Geschichte der Urhorde wäre völlig anders abgelaufen und sein Konzept des Menschen und der Kultur hätte eine völlig andere Grundlegung erhalten, hätte er seine steinzeitliche Bruderhorde nicht ein Werkzeug erfinden lassen, um den tyrannischen Vater zu töten, sondern ein Werkzeug, mit dem sie ihre Dinge zusammengepackt hätten, um aus der Unterdrückungssituation zu fliehen und ins nächste oder übernächste Tal zu ziehen. Der Tyrannenpatriarch wäre dann allein, machtlos und wahrscheinlich recht hungrig und verloren zurückgelassen worden und wahrscheinlich relativ schnell so verschämt wie gezähmt am Rand des neuen Lagers aufgetaucht. Beide Fantasien sind in gleichem Maß spekulativ und plausibel. Vor allem aber lenkt Le Guins Version des Urhorden-Mythos die Perspektive weg von dem alten, übermächtigen Mythologem der knüppelschwingenden, speerwerfenden Neandertalerin (nichts spricht dafür, dass unsere Annahme einer »ursprünglichen Geschlechtertrennung« in Jäger und Sammlerinnen mehr ist als ein Teil derselben fixen Idee). Der Blick fällt dann auf den Neandertaler oder frühen *Homo sapiens*, den man am Waldrand beobachten kann, wie er dort einige Beeren, Körner und Wildzwiebeln in seinem Rindenkorb oder seiner Tragetasche sammelt, während er eine leise Melodie summt oder sich Gedanken über den Sinn seiner Existenz und vielleicht auch über seine Vaterbeziehung macht. Uns sind Speerspitzen erhalten, aber keine Körbe, doch das wissenschaftliche Gewicht dieser Mordwerkzeuge zur Beurteilung der urzeitlichen Gesellschaft ist, wie wir festgestellt haben, ausgesprochen gering. Deswegen liegt die Entscheidung über die ersten Menschen als Schlagwerkzeugwesen oder als Tragetaschenwesen nicht im wissenschaftlichen, sondern im ethisch-politischen Bereich. Und für diesen lässt sich ohne großes Risiko behaupten: Menschen mit Taschen sind sympathischer als Menschen mit Waffen.

Verändert man so die Perspektive auf den urzeitlichen Menschen, erscheint er etwas nüchterner und pragmatischer, weniger totemistisch oder animistisch, etwas weniger gewalt- und jagdfixiert und sicherlich auch als etwas langweiliger. Diese frühen Menschen wären mit einem überraschenden, aber nachvollziehbaren Konzept von Eigentum ausgestattet gewesen. Diese spezifische Eigentumskonzeption wurde historisch zu dem

Zeitpunkt infrage gestellt, an dem sich die Landwirtschaft und mit ihr die Sesshaftigkeit entwickelten und sich die ersten größeren Reiche herauszubilden begannen.

Um ihren Nahrungsbedarf durch Sammeln und etwas Jagd zu decken, brauchen nomadische Gruppen in gemäßigten Klimazonen nur etwa 15 bis 20 Stunden pro Woche. Sie sind das, was Marshall Sahlins als eine »ursprüngliche Überflussgesellschaft« beschrieben hat: Sie haben eine karge, aber auf ihre minimalistische Weise dennoch ausgesprochen reiche und gewissermaßen bescheiden-wohlhabende Kultur mit viel Freizeit. Nicht erst mit der Neolithischen Revolution begann das Zeitalter des Wohlstands und Überflusses, denn davor gab es zwar keine Tempel, Paläste und Schätze, aber Zeit, Beeren zu sammeln, zu tanzen oder Geschichten zu erzählen, wie jener Strang ethnologischer Anthropologie immer wieder betont, zu deren Hauptvertretern Sahlins zählt. »Die primitive Gesellschaft, die erste Überflußgesellschaft, läßt dem Wunsch nach Hyper-Überfluß keinen Raum«,[19] wie Pierre Clastres in seiner ökonomisch-politischen Studie über solche bewusst bescheidenen Kulturen gezeigt hat. Hyper-Überfluss ist nichts anderes als das, was dem Körper in Veblens Konzeption langsam fremd zu werden beginnt, aber was westliche Zivilisationen immer noch als unbedingtes Eigentum der Person wahrnehmen, selbst wenn es in keinerlei materieller oder räumlicher Beziehung mehr zu ihr steht. Sahlins' Beschreibung der materiellen Besitztümer solcher ursprünglichen Überflussgesellschaften ähnelt derjenigen von Veblen und Le Guin:

> Einigen Gemeinschaften reichen nur ein paar leicht herzustellende Dinge als Vermögen: einige einfache Bekleidungsstücke und in den meisten Klimazonen nur temporäre Behausungen; dazu ein paar Schmuckstücke, kleine Feuersteinstücke und verschiedene andere Dinge wie »Quarzsteinchen, die die einheimischen Doktoren aus ihren Patienten entfernt haben« [...]; und zuletzt auch die Ledertaschen, in denen die treue Frau all dies trägt, den »Reichtum des Australischen Wilden«.[20]

Abgesehen davon, dass Sahlins den leisen und für das Argument auch völlig verzichtbaren Sexismus Veblens geerbt hat, ist seine berühmte These der »original affluent society« ähnlich derjenigen, die aus den dezidiert tendenziösen und gesellschaftskritischen, aber ebenso spekulativ-plausiblen Haltungen Leroi-Gourhans, Veblens und Le Guins abgeleitet werden kann: eine Konzeption von Eigentum, die nicht auf Anhäufung und Stabilisierung zielt, sondern auf eine Mobilhaltung, Aufladung und körperliche Intimität.

Die in der Neolithischen Revolution geschehende Vermassung von Menschen in Städten mit kostspieliger politischer und religiöser Hierarchie, zweifelhaften hygienischen Bedingungen, mit Tieren als Mitbewohnern und Krankheitsträgern, neidischen Nachbarn und Nachbarreichen und mit überaus anstrengender Feldarbeit muss nicht als die Fortschrittsgeschichte erzählt werden, als die sie in den Schulbüchern steht. Und sogar der archäologische Befund der frühen Großsiedlungen spricht dagegen: Mit der Neolithischen Revolution werden die Menschenleben kürzer, die Gehirne kleiner, die Gelenke belasteter und die Ernährung schlechter. James C. Scott führt diese Problematik in *Against the Grain* aus und zeigt auf, dass die Entstehung der frühesten Städte vor allem durch die Monopolisierung der Ernährungsgrundlage in verschiedenen Getreidearten geprägt war. Getreide ist praktisch, denn es kann ausgesprochen gut gemessen, gelagert, transportiert, besteuert und zugeteilt werden. Aber sein Anbau ist klimatisch äußerst unsicher, ausgesprochen arbeitsintensiv und laugt schnell die Böden aus. Die Städte der ersten auf Landwirtschaft errichteten Reiche bezeichnet Scott einigermaßen drastisch als »late-Neolithic multispecies resettlement camps«,[21] Ansammlungen von seuchenverwüsteten, brandgefährdeten und von Mauern umschlossenen Siedlungen, die zum ersten Mal Massen von Menschen konzentrierten und eine Schicht reicher und mächtiger Fürsten herausbildeten. Diese Reiche mit politisch und religiös stratifizierten Hierarchien und mit Hauptstädten waren von Gruppen umgeben, die sich nicht gerne in die Städte der Flussebenen sperren lassen wollten und sich stattdessen als nomadische oder jedenfalls den Heeren der Herrscher ausweichende und bei Notwendigkeit in die Berge oder ins Nachbartal fliehende Stämme, Banden oder Clans organisierten. Scotts Argumentation ist eine ebensolche »Gegenerzählung« wie diejenige Le Guins mit einer sehr ähnlichen Stoßrichtung, und ihr kann ebenso vehement widersprochen werden. Aber es ist durchaus plausibel, dass Ur und Uruk und die chinesischen Frühreiche nur durch eine zentralisierte militärische Autorität zusammengehalten werden konnten, die ihre Herrschaft auf die Gewalt der Speere und Schwerter stützte und deren Erzählung Le Guin langweilt:

> Wir kennen das, wir haben schon alles gehört über die Stöcke und Speere und Schwerter, die Gegenstände zum Zuhauen und Stechen und Schlagen, die langen, harten Gegenstände; aber wir haben noch nichts gehört über die Gegenstände, um andere Gegenstände hineinzutun, das Behältnis für den enthaltenen Gegenstand. Das ist eine neue Geschichte. Das sind Neuigkeiten.[22]

Hier soll gezeigt werden, dass es Grund gibt, diese »neue Geschichte«, diesen alternativen Ursprungsmythos des Menschen als taschentragendem Wesen ernst zu nehmen und ihn bis in die Gegenwart hinein zu verfolgen. Mit etwas Pathos beschreibt Le Guin die grundlegende Humanität der Tasche als Zeichen des Menschen:

> Wenn es menschlich ist, eine nützliche, essbare oder schöne und deshalb erstrebte Sache in eine Tasche zu legen, oder in einen Korb oder ein Stück gerollte Rinde oder ein Blatt oder ein aus Eigenhaar gewobenes Netz oder was auch immer und sie nachhause mitnehmen, in ein Zuhause, das nur ein größeres Gefäß oder eine Tasche ist, ein Behälter für Menschen; und wenn man diese Sache dann später wieder herausnimmt und sie isst, teilt oder zerstört oder sie für den Winter in einem stabileren Behältnis unterbringt oder sie in den Medizinbeutel, den Schrein oder das Museum packt, den heiligen Ort, den Bereich, der das beinhaltet, was heilig ist; und wenn man am nächsten Tag mehr oder weniger dasselbe tut – wenn das menschlich ist, wenn das dafür entscheidend ist, dann bin ich wirklich ein menschliches Wesen.[23]

Le Guins emphatische Worte beinhalten die Forderung, den Menschen als ein sammelndes, tragendes, sorgendes und auf bescheidene Weise besitzendes Wesen anzuerkennen, das schon in den Gräbern der ersten Menschen mit der Handvoll Dinge bestattet wurde, die ihm gehörte. Wie weit eine solche Definition des Menschen trägt, ist unklar; sicherlich nicht weiter als andere Feststellungen über das Wesen des Menschen an sich. Im Folgenden sollen aber einige Argumente zusammengetragen werden, die nahelegen, dass der Mensch und die Dinge aus seinem je individuellen Nahbereich eine Verbindung eingehen, die sein Erleben der Welt maßgeblich bestimmt.

Loculus. Der kleinste Ort des großen Imperiums

Das Römische Reich stellt den organisatorischen und logistischen Höhepunkt der antiken Großreiche dar, die die Jäger- und Sammlergesellschaften ablösten. Noch heute staunt jedes Geschichtsbuch darüber, wie es mit Technologien der Eisenzeit möglich war, die Herrschaft über ein Gebiet auszuüben, das sich zu seinem Höhepunkt vom Persischen Golf bis nach Schottland und von Gibraltar bis hinter das Schwarze Meer erstreckte und das über viele Jahrhunderte stabil war. Das Imperium Romanum wurde ausgesprochen effizient verwaltet: Die antiken Römer waren weniger große Philosophen oder Literaten, sie waren Organisatoren, die eine militärisch und logistisch extrem wirksame Strukturierung und organisatorische Normierung der ganzen damaligen Welt erreichten. Eine der zentralen Notwendigkeiten bestand dabei darin, eine Art homogenen juristischen Raum zu erschaffen, der dazu diente, dass in der Provinz Syria dieselben Gesetze galten wie in Mauretania Tingitana und in Germania Inferior. Max Weber und Émile Durkheim, die die moderne Wirtschaftssoziologie begründeten, erkannten beide im Römischen Recht und in den römischen Eigentumskonzeptionen den Ursprung und die fast komplette juristische Ausformung dessen, was noch die moderne *Physik der Sitten und des Rechts*[24] bestimmt.

Die römischen Regelungen, die das Grundeigentum an landwirtschaftlich genutzten Feldern betrafen, sind einem modernen Rechtsverständnis ausgesprochen vertraut: Zwischen zwei Äckern hatte ein ungenutzter Streifen zu verbleiben, der einerseits den Zugang zu den Nutzflächen sicherte und der auch als ein Puffer zwischen den Gebieten in unterschiedlichem Besitz bestehen sollte. Der Streit um Landbesitz konnte in zwei juristisch klar unterschiedenen Formen ablaufen: einerseits in der *controversia de finibus* und andererseits in der *controversia de loco*. Insbesondere durch jahrelanges Pflügen konnte der auf 5 Fuß Breite festgelegte Grenzstreifen langsam schmaler werden, was zur *controversia de finibus* führen konnte, in der – so war es in der Lex Manilia festgelegt – drei als *arbitri* bezeichnete Landvermesser die ursprünglichen Ackermaße ausloteten und jedem seinen Teil zusprachen. Die *controversia de loco* betraf den dramatischeren Fall, wenn der Grenzstreifen nicht mehr vorhanden war und die Feldmesser zu bestimmen hatten, wo welcher Acker begann und wo der neu anzulegende Puffer verlaufen sollte. Aus dem bis in solche Details und komplexe Verfahrensfragen kodifizierten römischen Eigentumsrecht, das wahrscheinlich zum ersten Mal in der Kulturgeschichte alle Dinge der Alltagswelt einem Besitz- und Verwaltungsregiment unterwarf und die Möglichkeiten und Rechtmäßigkeiten ihrer Aneignung regelte, entstanden die drei Konzepte von Eigentum, die heute noch maßgeblich sind und die seit Beginn der Kolonialzeit auf den ganzen Globus ausgedehnt wurden: Eigentum, Besitz und Nießbrauch. Mit diesen drei juristischen Kategorien sind alle Möglichkeiten abgedeckt, über die eine Person »habend« in ein Verhältnis zu den Dingen ihrer Umgebung treten kann. Ab diesem Zeitpunkt war das Eigentum an einem Tonbecher, einem Acker oder einer Ziegenherde in derselben Kategorie vereint wie das Eigentum an einem Sklaven, einer Buchrolle oder dem Glaskelch, aus dem man mit einer geliebten Person zum ersten Mal zu viel Falerner getrunken hatte. Rom bedeutete eine Universalisierung und Standardisierung der Welt, die allgemein galt und für die es egal war, ob die Souveränität bei einem Senat, einem Erbkaiser oder einem Duo aus Militärdiktatoren lag, wie es in der Spätzeit des Imperiums oft vorkam. Mit Rom begann die Herrschaft der gewaltsamen Bürokratie, die nur während der Völkerwanderung kurz nachließ, die aber seit dem Hochmittelalter ungebrochen durch alle demokratischen oder autokratischen Regierungsformen permanent bestehen blieb.

Was das Römische Reich so erfolgreich machte, war also nicht nur seine zentrale Lage im Mittelmeerraum, seine militärische Macht, seine einheitsstiftende, aber nicht zu eigenständig auftretende, sondern immer mit dem Staat verwachsene Religion oder seine effektive Gesetzgebung und Bürokratie. Alle diese Tatsachen der römischen Kultur standen unter der Hegemonie eines imperialen Prinzips, das in der Herstellung einer gesellschaftlich-politischen »Zentralperspektive« bestand, die jeden Gedanken und jede Handlung eines römischen Bürgers bestimmen konnte. Diese *virtus* und *pietas*, der Bürgersinn und die politische wie religiöse Frömmigkeit des einzelnen römischen Bürgers, bestanden nicht in der Unterwerfung unter einen bestimmten Gewalthaber oder in der Treue zu einer Herrscherdynastie, sondern in der Verpflichtung auf die symbolische Mitte, die Rom und das Römertum selbst darstellten. Dieses von der konkreten Stadt abgelöste »symbolische Rom« und seine Größe, der römische Frieden und der Wohlstand, zeigen sich in nichts klarer als in den reichseinheitlichen und am *mos maiorum* ausgerichteten Gesetzen. Dieses *mos maiorum* inkorporierte nicht nur die Sitten der Ahnen, sondern eine dauernde Überprüfbarkeit allen Tuns an dem, was man in moderner Begrifflichkeit die »Verbindlichkeit des Diskurses« nennen könnte. Für die funktionierende Steuerung des Reiches musste sichergestellt werden, dass nicht nur in Mauretanien und Germanien dieselben Gesetze eingehalten wurden, sondern stärker noch, dass nach denselben Prinzipien gehandelt wurde und dieselben Vorstellungen das Tun der Menschen bestimmten. Dies bedeutete eine Vereinheitlichung, die nicht nur die Gesetze, die militärischen und politischen Handlungsformen und die Religionen betraf, deren Götter reichsweit über die *interpretatio romana* in einem normierten Pantheon standardisiert und eingeordnet wurden, sondern die auch auf das materielle Leben der Römer ausgriff.[25]

Diese gesellschaftliche Lenkung und Eichung aller Institutionen und Bürger*innen betraf zum wahrscheinlich ersten Mal in der Geschichte alle Lebensbereiche, und auch in der Ökonomie war die Herstellung von Gleichförmigkeit zu beobachten: Auch die materielle Produktion wurde vereinheitlicht, und die Gegenstände des täglichen Lebens begannen in einer fast industriell zu nennenden Massenproduktion erzeugt zu werden. Öllämpchen, Schwerter, Stoffe, einfache Kunstwerke und sogar Kaiser- und Götterbilder wurden nach Verfahren einer technischen Reproduzierbarkeit hergestellt, die keltische Götterfiguren gleich aussehen ließ wie Götterfiguren aus dem Mittelmeerbereich und die einheitliche Kaiserbüsten in allen Straßenaltären des Reiches aufstellbar machte. Diese Massenproduktion war so weit verbreitet und von so zweifelhafter Qualität, dass schon zur damaligen Zeit moniert wurde, wie unpassend es sei, Götter industriell zu reproduzieren: Marcus Cornelius Fronto, ein Vertrauter des Kaisers Antoninus Pius, war der Lehrer von dessen Adoptivsohn Marc Aurel, mit dem er einen lebhaften Briefwechsel führte. In einem dieser Briefe schreibt er dem jungen Aurel, der bereits den gottähnlichen Rang eines Cäsaren hatte, dass »in jeder Geldwechselstube, in jeder Kneipe, jeder Buchhandlung, in jedem Winkel, auf jeder Veranda und in jedem Fenster, wirklich überall«[26] ein Bildnis von ihm stehe, stümperhaft gemalt oder miserabel modelliert, eher eine Karikatur als eine wirkliche Darstellung, und dass er jedes Mal lachen müsse, wenn er an einem dieser Bilder vorbeikomme und an ihn dächte. Idealisierung oder individuelle Ähnlichkeit war für die Produktion dieser Kaiserfiguren schlicht nicht ausschlaggebend. Wahrscheinlich ist es historisch nicht ganz richtig, hier von einer »technischen Reproduzierbarkeit des Kunstwerks« zu sprechen, weil es sich bei den Kaiserbildnissen und Götterstatuen nicht um Kunst in einem modernen Sinn handelt. Aber es steht doch fest: Bereits in der Antike hat Massenproduktion den Verlust der Aura eines künstlerisch hergestellten Gegenstandes bedeutet, und heilige Bildnisse konnten selbst dann ihre Aura nicht behaupten, wenn sie das Abbild eines lebenden Gottkaisers zeigten.

Der Kunst ist Massenproduktion tendenziell abträglich, dafür war eine solche Standardisierung von Nutzgegenständen für eine andere gesellschaftliche Institution immer ganz besonders wertvoll, wie sich auch bei Napoleons Armee oder zu der Zeit des Ersten Weltkrieges zeigte: Niemand profitiert mehr von der Möglichkeit, Gegenstände tausendfach gleich und in gleichbleibender Qualität beziehen zu können, als das Militär. Die Produktions- und Reproduktionsmöglichkeiten der gigantischen und hochorganisierten römischen Sklavenindustrie bedeuteten auch, dass das römische Heer als erste Armee in der Geschichte eine einheitliche Ausrüstung bekommen konnte. Diese Standardisierung begann schon in der späten Republik, in der der römische Legionär den Spitznamen *mulus marianus*, marianischer Maulesel, bekam, benannt nach Gaius Marius, der im 2. Jahrhundert v. Chr. das römische Heer komplett neu organisiert haben soll und die Soldaten zu den Packeseln machte, die unter dieser etwas spöttischen Bezeichnung ganz Europa mit Krieg überziehen und für Rom erobern konnten. Der Kern der Reform der zu dieser Zeit stattfindenden Umstellung des römischen Militärs ist nicht nur Marius zu verdanken, sondern es handelte sich um einen längeren Prozess. Was entstand, war eine modernisierte, äußerst hierarchische, effektivere und mobilere Organisationsform, die nicht zuletzt den Tross der römischen Armeen verkleinerte, indem die Ausrüstung der Soldaten extrem standardisiert wurde und sie diese Ausrüstung selbst tragen mussten. Anstatt einer langen Kolonne von Soldaten, Dienern, Soldatenfamilien, Marketender*innen, Tragetieren und Wagen bestand die Legion nunmehr fast nur noch aus ihren fünf- oder sechstausend Soldaten mit einigen Mauleseln. Ohne ihren Tross waren die Truppenteile wesentlich beweglicher und konnten schneller quer durch das Reich in neue Kriegsgebiete geschickt werden. Auch wenn eine Rekonstruktion der tatsächlich individuell getragenen Ausrüstung ausgesprochen schwierig ist, steht fest, dass den Legionären damit eine große Menge normierter Ausrüstungsgegenstände aufgeladen wurde, die nicht nur aus Kampfmitteln, sondern auch aus Werkzeugen bestand, mit denen sie innerhalb von kurzer Zeit ihr Legionslager in mobile Festungen im Feindgebiet verwandeln konnten. Flavius Vegetius Renatus, der wichtigste spätantike Theoretiker der römischen Kriegsführung, beginnt ganz am Ende des zweiten Buches seines Hauptwerkes *Epitoma rei militaris* eine Aufzählung dessen, was eine römische Legion neben dem unmittelbaren Kriegswerkzeug mit sich führte:

> Die Legion ist mit eisernen Greifhaken ausgestattet, die Wölfe genannt werden, und mit eisernen Belagerungslanzen, die am Ende sehr langer Stangen befestigt sind. Außerdem mit Gabeln, Spaten, Schaufeln, Hacken, Schubkarren und Körben für das Graben und Transportieren der Erde; zusammen mit Beilen, Breitbeilen, Äxten und Sägen, um Holz und Stangen zu schneiden.[27]

Die aufgezählten Gegenstände sollten dazu dienen, Kriegsmaschinen verschiedener Größe, Belagerungstürme und sonstiges Kriegswerkzeug zu bauen, die nicht nur in der numidischen Wüste, sondern auch in den germanischen Wäldern effektiv einsatzbereit sein mussten. Es scheint allerdings, als merke Vegetius bei seiner Auflistung selbst sehr schnell, dass eine vollständige Wiedergabe der Legionsausrüstung nicht allzu spannend zu lesen wäre:

> Würde ich eine Aufzählung machen, die alle Einzelheiten beinhaltet, wäre dies zu ermüdend, deswegen möchte ich zusammenfassen, dass eine Legion all das überall mit sich führen sollte, was immer für die Kriegsführung nötig sein könnte, und um an jedem Ort ein Lager zu bauen, das alle Stärken und Annehmlichkeiten einer befestigten Stadt hat.[28]

Der römische Legionär, wie er aus Vegetius' Beschreibung hervorgeht und wie er auch auf der Trajanssäule dargestellt ist, trug neben seiner Kleidung aus Wolle nicht nur einen schweren Brustpanzer, einen Helm, ein Schwert und einen Dolch, zwei Wurfspieße und einen schweren Schild, sondern er schleppte, wie auch Flavius Josephus berichtet, dazu auch noch eine Pionieraxt, einen Spaten, eine Säge, einen Korb und zwei Schanzpfähle für die Lagermauer mit. Dazu kam noch die Feldflasche, das Kochgeschirr, Verpflegung für drei Tage und mit hoher Wahrscheinlichkeit auch eine Wolldecke oder ein schwerer Mantel. Immer acht bis zehn Legionäre bildeten zusammen ein *contubernium*, was am besten als »Wohngemeinschaft« übersetzt wird und bedeutete, dass diese Anzahl Soldaten sich ein etwa 3 auf 3 Meter großes Zelt aus gewachstem Ziegenleder teilten. Diese kleinste Einheit des Heeres wurde begleitet von einem tatsächlichen Packesel, der die gemeinsame Ausrüstung zu schleppen hatte, die vor allem aus dem Zelt mit Zeltstangen, Eisenheringen und einer Getreidemühle aus Stein bestand, die wohl allein schon 12 bis 15 Kilogramm wog. Dazu kamen ein schwerer Hammer, der zusätzlich zur eisernen Dreitagesration mitgeführte Proviant und die 16 bis 20 Schanzpfähle aus Eichenholz, die die Legionäre wahrscheinlich auf das arme Tier luden, um sie nicht selbst tragen zu müssen.[29]

Letztlich geht die Rechnung kaum auf: Selbst wenn das Maultier mit mehr als 150 Kilogramm beladen wurde, überstieg das Gewicht, das ein Legionär zu tragen hatte, mit Sicherheit 40 Kilogramm. Alles war mit Lederriemen am Ende einer T-förmigen Stange befestigt, die auf der Schulter lag und von den Soldaten *furca* genannt wurde, was signifikanterweise ursprünglich ein Folterinstrument bezeichnete, mit dem Verurteilte zur Exekution geführt wurden. Die Belastung war enorm; und im stationären Lager angekommen, hatten die Soldaten äußerst harte Trainingseinheiten zu absolvieren, daneben wurden sie im Straßen- oder Brückenbau eingesetzt, fertigten protoindustriell Ziegel für Fußbodenheizungen oder mussten in den Silberminen des Reiches arbeiten. Die Ausrüstung des Legionärs gehörte eher der Legion als ihm selbst, auch wenn der Preis für jedes Stück von seinem Lohn abgezogen wurde: Nichts war individuell, jedes einzelne Stück war ihm vorgegeben und standardisiert. Zum ersten Mal tauchte damit im militärischen Bereich eine Uniformierung auf, die nicht nur für eine ähnliche Ausstattung sorgte, sondern darüber hinaus gewissermaßen die Person selbst standardisierte. Alles, was der Legionär des Imperiums bei sich trug, diente dazu, das Legionslager zu bauen oder es in der Schlacht offensiv zu verteidigen. Das war seine Aufgabe, darin bestand sein Leben, und dafür hatte er alles nötige bei sich. Ebenso wie seine Ausrüstung war der Tagesablauf des römischen Legionärs bis ins Detail vorgegeben: Sein frühes Aufstehenmüssen war im alten Rom sprichwörtlich, und der Tag war, wenn keine Schlacht und kein Gewaltmarsch anstanden, durch Wach- und Hilfsdienste sowie Training strukturiert. So wie individuelle Freiräume im Tagesablauf mitnichten vorgesehen waren, gab es in der Ausrüstung keinerlei Platz für privates Eigentum. Nur ganz oben an der *furca* hing eine in diesem Ensemble umso auffälligere Umhängetasche, in der der Soldat seine persönlichen Dinge unterbringen konnte. Diese Tasche war aus Ziegenleder und hatte etwa die Größe und das Aussehen einer Aktentasche mit Schulterriemen, wie man sie noch heute in den U-Bahnen sehen kann. Es ist nicht leicht zu sagen, was in diesen Umhängetaschen aufbewahrt wurde, dem einzigen Ort, der zwischen all der Kriegsausrüstung etwas wie Privatheit und Individualität zuließ: Man kann jedoch einigermaßen gesichert spekulieren, dass in den meisten Fällen etwas Geld darin gewesen sein wird, ein kleines Wachstablett mit einem Bronzegriffel, ein Klappmesser, das so scharf war, dass man sich damit auch rasieren konnte, etwas zusätzlicher Proviant, eine Salbe gegen Aufschürfungen, ein Brief von der Familie zu Hause, vielleicht ein Ring oder sonstiger Schmuck, ein

Amulett, Würfel, Hygieneartikel und mit großer Wahrscheinlichkeit auch eine oder zwei bronzene Ahnenfiguren der Familie. All dies ist hypothetisch und mehr oder weniger wahrscheinlich, aber sicher ist, dass sich dort die Dinge befanden, die der Person in der Rüstung gehörten und nicht dem Imperium, das heißt, die mit seiner Rolle als Soldat unmittelbar auch nichts zu tun hatten. Der Name dieser charakteristischen Tasche war *loculus*, ein nur schwer übersetzbares Wort, das als »kleiner Ort« oder »Örtchen« nur unzureichend übertragen ist. Das lateinische Wort *loculus* bezeichnet auch Schmuckschatullen, Geldbeutel sowie Wandnischen in den Häusern der wohlhabenden Römer, in denen die Buchrollen gestapelt wurden. Es wirkt, als hätte in Rom jeder nicht zu große Raum, der in irgendeiner Form besonders eng einer Person oder ihrer Individualität zugeordnet war, die Bezeichnung Loculus erhalten können. Deswegen bietet die Umhängetasche der Legionäre das beste Beispiel für diesen Individualraum. Der Loculus ist der kleine Rückzugsort des Privaten, Eigenen und vor allem dessen, was zum Menschen und nicht zum Imperium gehört.

Neben der römischen Legionärstasche trugen zusätzlich auch die Grabnischen, in denen in den Katakomben die sterblichen Überreste römischer Bürger abgelegt wurden, die Bezeichnung Loculus. In den Grabnischen war der Bürger Roms nicht allein, sondern oftmals mit anderen Mitgliedern seiner Familie bestattet, mit denen er dort eine Art ewiger Beheimatung und Eingebettetheit erleben durfte. Die Verbindung von Tod und persönlichem Eigentum, die schon in Leroi-Gourhans Überlegungen zu finden war, taucht hier in dem Begriff des Loculus zusammengefasst auf: Der Loculus ist der Ort einer Person, der denkbar kleine, aber absolute Raum, in dem sie ihr Eigentum trägt, in dem ihre individuelle Präsenz in der Welt materiell wird. Diese Intimität von Person und zugeeignetem Raum kann auch durch die Differenz näher beschrieben werden, die zwischen den lateinischen Begriffen *locus* und seinem Diminutiv Loculus besteht, denn der Unterschied ist nicht eine Frage des Formates: Der Loculus ist nicht einfach nur kleiner als der *locus*, sondern er ist auf eine Weise fast sein Gegenteil: Im römischen Polytheismus war jedem Ort ein ihm eigener Geist zugeordnet, der die Bezeichnung *genius loci* trug: Jeder *locus*, jeder Ort und Platz in der römischen Kultur, war der Aufenthaltsort eines diesen Ort repräsentierenden Schutzgeistes, der über ihn wachte und dem Raum gewissermaßen Augen gab. Jeder öffentliche Platz, jede Straßenkreuzung und jedes Gebäude hatte einen solchen *genius loci*, ein Geist, der den Ort beherrschte, der für ihn stand, über ihm schwebte, ihn verstetigte und ihn in den symbolisch-religiösen

Bereich hob. Die dadurch gegebene vollständige Bewohntheit der Umwelt, die uns nach einer inzwischen recht gründlichen Entzauberung der Welt etwas fremd geworden ist, blitzt nochmal in Nietzsches Feststellung auf, dass in der Kultur alles den Menschen meint:[30] Aus allen Winkeln blicken die Geister, und auch die schlechten Kaiserbildnisse, die Fronto überall stehen sah, waren eine solche materielle Präsenz des *genius* des Herrschers und seines Imperiums. Der *genius loci* ist die Personifikation der Wesenheit des Ortes wie auch der Träger seiner Eigenschaften und Machtdynamiken. Diese Personifikation bot in der Antike die Möglichkeit, über Räume als Orte zu sprechen, die eine inhärente Wirkmacht haben können. Durch diese selbstverständliche »Behaustheit« und *agency* aller Orte konnte es auch einen *genius* des Theaters, der Bäder, des Senats oder des römischen Imperiums als Ganzem geben. Für die römische Religion, insbesondere für diesen Bereich der Alltagsreligion, trifft daher Nietzsches Definition des mythischen Denkens voll zu, welches »Geschehen als Tun« auffasse: Sobald etwas nicht nur geschieht, sondern dieses Geschehen einem Akteur zugeordnet wird, bewegt man sich im Bereich des Mythos, und eben dieser mythische Aspekt konnte in der antiken Religion in jedem Geschehen und an jedem Ort gesehen werden. »Alles ist voll von Göttern«, wie

Thales festgestellt hatte. Die Menschen, die Dinge, die Toten und die Lebenden waren nicht getrennt, sie konnten alle vollgültige Teilnehmer in der Welt der anderen sein. Diese ganze Welt war angefüllt mit Akteuren: Aus Thales' berühmtem Satz meint man vielleicht etwas Resignation oder Überdruss herauszuhören, er kann ihn aber genauso gut mit Faszination oder Begeisterung geäußert haben, denn die antike Ontologie der Welt, die nicht auf eine Vereinheitlichung des Seins abzielte, sondern auf seine Pluralisierung, beschrieb eine überbordende und faszinierende Welt mannigfacher Erscheinungen. Diese Art der Weltbelebung im antiken Denken ist Bruno Latours Akteur-Netzwerk-Theorie deutlich näher als die rationalistischen Systementwürfe des 19. Jahrhunderts. Dass die Welt aus einem fluiden Netzwerk allerunterschiedlichster Akteure besteht, zu dem Geister, Götter, Dinge, Orte, Genien, Menschen und Tote gehören, wird heute erstaunlich ähnlich in philosophisch-anthropologischen Systementwürfen wie eben denen Latours, aber auch Descolas oder Viveiros de Castros vorgeschlagen. In Griechenland und Rom war dies im Grunde Alltagswissen. Die antike Welt dachte letztlich sogar noch radikaler als Latour: Ihre Religionsphilosophie begann, als Hesiod in einen der ersten Texte der westlichen Zivilisation die beiläufige Überlegung einfügte, ob man nicht sagen könne, dass auch das Gerücht eine Art Gottheit sei.[31] Seine Überlegung ist heute noch schlüssig: Gerüchte bewegen sich scheinbar selbsttätig, sind extrem wandelbar, üben eine unheimliche Macht auf die Menschen aus und erweisen sich als fast unsterblich. Das Phänomen »Gerücht« wird besser erfasst und ist präziser beschreibbar, wenn dahinter eine Art eigenständig wirkende, übermächtige und unverfügbare Wesenheit angenommen wird, als wenn man es als eine reine Kette von ungenauen Beobachtungen, rhetorischen Zuspitzungen und als unpräzise Kommunikation betrachtet.

Im antiken Denken wurde ganz im Sinne einer gewissermaßen ins Extrem getriebenen Akteur-Netzwerk-Theorie jeder Ort als ein Akteur verstanden. Allerdings hatte, auch da Latour weniger widersprechend als ihn vervollständigend, auch jede Person einen *genius*, der als eine Art persönlicher Schutzgeist und als Träger der Eigenschaften des Menschen zu verstehen ist. Diesem *genius* der Person wurde keinerlei kultische Verehrung entgegengebracht, und er galt als ansprech- und handhabbarer als die vielen Geister, die in den Dingen lebten. Der *genius* der Person stand eher für ihre symbolische Präsenz in der Welt. Der Ort, der von einem Lokalgenius beherrscht wird, erscheint dadurch als ein Ort, an dem der Mensch und sein Genius nur eine zweitrangige Existenz führen, dort ist eine Herrschaft der Geister aufgerichtet, die dem Menschen übergeordnet ist. Im *locus* sind die Geister vorrangig, er ist von den Göttern kolonisiert und beherrscht, dem Menschen bleibt als sein Refugium nur noch der kleinere, aber deswegen nicht weniger wichtige Ort des Loculus. Das heißt jedoch nicht, dass man im Loculus allein ist: Auch wenn sich darüber, was sich in den *loculi* Zehntausender Legionäre befand, nichts Gesichertes sagen lässt, ist anzunehmen, dass in ihnen nicht selten Ahnenfiguren mitgetragen wurden. In dem Geiste, in dem der aus den Flammen des brennenden Troja fliehende Aeneas nicht nur seinen Vater auf den Schultern aus den Flammen rettete, sondern diesen aus doppelter *pietas* – der tiefen Frömmigkeit und Verehrung der Eltern und Vorfahren und damit auch seine Achtung der alten Sitten und Bräuche – auch dazu bewog, die Ahnenfigürchen vom Hausaltar zu retten, mögen auch die Legionäre ihre *loculi* genutzt haben. In diesem Sinne ähneln die Ahnenfiguren der Römer in den Hausaltaren und der Legionäre in den *loculi* den Schuhschachteln voller Familienfotos, die heute in den Wohnzimmerschränken und auf den Dachböden stehen oder den Fotoalben, die auf dem Smartphone abgelegt sind: An diesem Ort ist die Erinnerung an diejenigen gespeichert, die im Augenblick nicht oder nicht mehr körperlich präsent sein können, dort wird ihre Existenz in die Gegenwart verlängert.

Der Loculus scheint zu klein zu sein, um sogar einer kleinen Gottheit Platz zu bieten, doch dafür bietet er den Menschen genug Raum für sich selbst und alle, die in seiner Erinnerung leben: Er ist, egal ob Tasche, Grabnische oder Geldkiste, direkt auf seinen menschlichen Eigentümer oder Bewohner bezogen. Man könnte behaupten, dass ein Loculus so sehr von einem einzelnen menschlichen Leben »besetzt« ist, dass die Götter dort keinen Raum mehr haben. Die lateinische Sprache hat ein starkes Gespür für den Zusammenhang zwischen dem kleinen, abgeschlossenen Ort und dem individuellen Geheimnis. In gewisser Weise haben viele antike Begriffe, die heute im Bereich der Geheimlehren und einer wild wuchernden Spiritualität verwendet werden, recht alltägliche und pragmatische Bedeutungen: Die Mystik kommt vom griechischen *myein*, das nur das Schließen der Augen bedeutet, das Okkulte ist eigentlich nur das ganz banal Verdeckte oder Zugedeckte. Der Begriff des »arkanen« Geheimnisses kommt vom lateinischen *arca*, das schlicht das Wort für einen Kasten oder eine Schachtel war, deren Inhalt eben unbekannt ist, bis sie geöffnet wird. Das Verborgene ist zuerst nur dasjenige, was ganz physisch nicht sichtbar ist. Der Loculus bietet wahrscheinlich das beste Beispiel für ein solches, ganz ohne jede Mystik verstandenes Arkane: verschlossen, individuell, alltäglich, aber dennoch geheim und respektfordernd. Der Loculus ist nichts anderes als ein Raum individueller Verfügung, der Raum, an dem die symbolische Ordnung der Götter und Geister endet, der kleine Bereich, in dem eine uneinsehbare Individualität besteht, in den das religiös-soziale Herrschaftsgefüge nicht eingreifen darf, selbst wenn es so allpräsent war wie im römischen Glaubenssystem und so hierarchisch und autoritär wie die römischen Legionen der Kaiserzeit. Ein solcher kleiner, aber sakrosankter Raum umfasst mit seinem Inhalt gewissermaßen ein extrem intensiviertes Eigentum, welches zur Integrität der Person gehört.[32]

Fromme Menschen, finstre Piraten und verlorene Heimkehrer

Was hier bis jetzt am Beispiel römischer Legionäre entwickelt wurde, gilt nicht nur für die Antike oder nur für gesellschaftliche Sondergruppen, sondern ist eine anthropologisch bemerkenswert konstant beobachtbare Gegebenheit. Die Eigentumsform des Loculus wird in unserer Eigentumsvorstellung dem Privateigentum einerseits untergeordnet – insofern alles, was sich darin befindet, heute juristisch dieser Kategorie angehört –, andererseits ist der Loculus dem Privateigentum aber auch entgegengestellt. Er taucht als eine eigenständige, kleinere und fast körperliche Eigentumsform auf, die in der Geschichte nur zarte Spuren hinterlassen hat, weil sie so immens individuell und heimlich auftritt. Auch in der Gegenwart lässt sie sich nicht ganz leicht erkennen, und doch gibt es einige Beispiele für dieses ausgesprochen intime Eigentum, von denen im folgenden Kapitel drei beschrieben werden sollen: die private Kiste eines Mitglieds der Religionsgemeinschaft der Hutterer, die Seemannskiste eines Piraten und der Leinenbeutel eines Kriegsflüchtlings. Diese drei Beispiele wurden ausgewählt, weil die historische und vor allem ökonomische Differenz zwischen ihnen so markant hervortritt. Der Hutterer ist in eine landwirtschaftlich und handwerklich orientierte, sorgend-kommunistische und wohlhabende Lebensgemeinschaft eingebettet, der hier besprochene Pirat kann als ziemlich wohlhabend gelten, ist aber auf sich allein gestellt und verfügt ansonsten über keinerlei Versorgung oder Absicherung, und der Kriegsflüchtling befindet sich in einer umfassenden und extremen ökonomischen Notlage. Die Unterschiedlichkeit dieser Lebenssituationen deutet an, dass der Loculus in verschiedener Form, aber wiedererkennbar in jeder ökonomischen Lage auffindbar ist: Meist ist er auf eine intime und fast nahtlose Weise in den Alltag integriert, und sein Inhalt bleibt geheim. Der Umgang mit ihm wird erst dann problematisch, wenn er gestört wird, wenn der Eigentümer des Loculus stirbt oder man von dritter Seite in den Individualraum eindringt. Die Einzigen, denen ein Loculus fast selbstverständlich zugestanden wird, sind Kinder, deren unordentliche Schubladen mit ihrem wahllosen und geheimnisvollen Inhalt mit einem wissend-erwachsenen Lächeln geduldet werden, ohne dass die Erwachsenen dabei eingestehen oder auch nur bemerken würden, dass sie selbst ebenfalls noch über Nachfahren dieser Krimskrams-Schubladen verfügen.

In Bezug auf das Eigentum war die urchristliche Botschaft eigentlich unmissverständlich: Als Jesus seine Jünger aufforderte, alle Völker zu Gläubigen zu machen, verband er das mit dem Verbot, dabei Taschen mitzunehmen, oder irgendetwas, das sie darin hätten transportieren können: »Und er gebot ihnen, dass sie nichts mit auf den Weg nehmen sollten als nur einen Stab; kein Brot, keine Tasche, keine Münze im Gürtel, sondern Sandalen untergebunden.«[33] Jesus ahnte wohl schon in dem Moment, als er diese Ausstattungsanweisung aussprach, dass seine Jünger sie bewusst allzu wörtlich nehmen und versuchen könnten, ihre Strenge etwas abzumildern, weshalb er sofort hinterherschickte: »Und zieht nicht zwei Hemden an!«[34] Der Gottessohn täuschte sich aber über die Ernsthaftigkeit, mit der seine späteren Jünger verfolgen sollten, was sie für die Prinzipien seiner Lehre hielten: Statt sich das Leben im Dienst des Herrn durch eine lässliche und lebensbejahende Interpretation leichter zu machen, wurden allerlei Askeseformeln und Überbietungsrituale der Entbehrung erfunden, die alle zeigen sollten, dass der wahre Christ nicht mehr bedarf als das *kerygma* des einen Gottes.[35] Die Armut im Namen des einen Gottes, der den ganzen Erdkreis zum Eigentum hat, trat historisch auf die beeindruckendste Weise in den Mönchs- und insbesondere in den Bettelorden in Erscheinung.

Giorgio Agamben beschreibt die *Höchste Armut*[36] der franziskanischen Mönche, die mit nicht wenig Pathos darauf bestanden, dass sie, genauso wie Jesus Christus es ihnen befohlen habe, an nichts in der Welt ein Eigentum hätten. Das bedeutete aber keineswegs, dass sie nicht dennoch so manches von ihr zu nutzen beabsichtigten. Die radikalsten Armutstheoretiker, Wilhelm von Ockham und Bonaventura, wehrten sich massiv dagegen, dass der Franziskanerorden – und damit indirekt auch seine Mitglieder – schon kurz nach der Ordensgründung durch Stiftungen über erhebliche finanzielle Mittel verfügten. Die Franziskaner hatten dadurch ein europaweites Netzwerk an Ordenshäusern und hatten beste Verbindungen zum Kaiser, der sie als politische Verbündete gegen ein korruptes Papsttum beschützte. Die Mönche lebten nicht in Armut, litten also nicht unter Mangel und Bedürftigkeit, sondern existierten nur nach juristischer Definition völlig ohne Eigentum. Individuell und auch als Organisation verfügten sie tatsächlich über keinerlei Dinge: Formal gehörte dem Papst alles. Aber die Franziskaner waren eine kleine Gruppe in einem von der Herrschaft gestützten und ökonomisch sicheren Netzwerk, und wollte man ihre Haltung mit ein wenig Bissigkeit formulieren, dann wirkt die Betonung ihrer Armut in manchen Momenten so, als würde sich ein schnöseliger Adelsspross als arm darstellen, weil der Porsche, mit dem er zur Vorlesung kommt, nicht ihm, sondern der Familienstiftung gehört. Auch wenn sie materiell gesehen also nicht ganz so radikal war, drückte die Armut der Franziskaner eine bewundernswert konsequente Desidentifizierung mit der Welt aus. Es ging den Franziskanern weniger darum, nichts zu besitzen, als mehr darum, nicht zu der Welt gehören zu wollen, in der Eigentum und Besitz die maßgeblichen Kategorien waren.

Die *Höchste Armut,* die Giorgio Agamben beschreibt, ist eine Lebensform, die eine kompromisslose Gegenposition zum Eigentumsdiskurs darstellt und auf die sich alle modernen Eigentumskritiken zurückverfolgen lassen. Die Entschiedenheit, mit der das Eigentum im franziskanischen Denken abgelehnt wird, ist dabei insofern bezeichnend, als sie auch das Eigentum an Gedanken absolut beschränkt: Die Mönche durften nicht nur nichts Materielles besitzen, sondern sie durften auch keine Geheimnisse haben. Die Beichte, die Lesung der Regeln beim Essen, die täglichen Messen, die noch vor Sonnenaufgang begannen, und der Armutsschwur der Mönche stehen dabei in einem Ergänzungsverhältnis: Es geht der höchsten Armut um eine Armut auf allen Ebenen, die auch eine Armut an Gedanken, an Persönlichkeit und an Wissen bedeuten muss.[37] Hier soll nun eine Art »zweithöchste Armut« vorgestellt werden, in der der Mensch nicht sehr viel sein Eigen nennt, in der aber das, was er besitzt, ein unantastbares Geheimnis bleibt.

Das erste Beispiel dafür bildet eine Holzkiste, die mit dem Eintritt ins Erwachsenenleben überreicht wird und deren Inhalt geheim bleibt. In dem altbayrischen Dialekt, den die strenge täuferische Religionsgemeinschaft der Hutterer seit Jahrhunderten als Muttersprache pflegt, werden diese schmucklosen Holzkästen als »Kischte« bezeichnet. Für jede Hutterin und jeden Hutterer wird zum 15. Geburtstag eine solche abschließbare Kiste gezimmert. Die Übergabe dieser Kiste ist eine Art Initiationsritual, mit dem die Person in die Gemeinschaft der Erwachsenen aufgenommen wird und fortan zu den »Leit« gehört, zu den großen Leuten.[38] Bei den Kischten handelt es sich um unscheinbare Holzkisten, in die nie der Blick von jemand anderem fällt als der Person, die sie besitzt. In der pietistisch inspirierten und auf einer rigiden Bibelauslegung basierenden Welt der Hutterer wird alles moderne und neue, jeder Luxus und alle weltlichen Gegenstände abgelehnt, sodass die Lebensführung möglichst jener der ersten christlichen Gemeinde in Jerusalem entspricht. Dieser christliche Urkommunismus und der spätere sozialistisch-atheistische Kommunismus gehen dabei von denselben Grundsätzen aus. Bei den Hutterern wird gesagt, dass

»Jedr gibt wos'r kann und kriegt, wos ihm not ist«,[39] während Marx etwas substantivlastiger vorschrieb, dass sich die sozialistische Bewegung das berühmte »Jeder nach seinen Fähigkeiten, jedem nach seinen Bedürfnissen«[40] auf die Fahne zu schreiben habe.

Mit der Kischte gibt es bei den Hutterern, ganz entgegen der Interpretation der urgemeindlichen Eigentumslosigkeit in den Mönchsorden und auch entgegen der Individualitätsfeindlichkeit des orthodoxen Marxismus, einen ausgesprochen privaten individuellen Besitz. Die Kischte und ihr Status als explizite Ausnahme in einer extremen Lebenswelt wird einigermaßen schulterzuckend begründet: »So is scho immer, so will's die Ordnung.«[41] Beschreibungen dessen, was sich in den Kischten befindet, sind selbstverständlich äußerst selten. In den raren Fällen, in denen ein Blick hinein geworfen werden kann oder in denen etwas davon verraten wird, was sich darin befindet, stellt sich der Inhalt als ausgesprochen überraschend heraus: Zuerst sind darin Utensilien der Körperpflege wie Zahnbürsten und Zahnpasta zu finden, die aus hygienischen Gründen ungern mit anderen geteilt werden. Interessanter wird es bei den Dingen, die den strengen Alltagsregeln der Hutterer widersprechen, und die einen großen Teil des Inventars dieser Kisten auszumachen scheinen: ein Lippenstift, Cowboystiefel, ein Büstenhalter, eine Ausgabe des *Playboy*, in der Gemeinschaft ungern gesehene Bücher.[42] Mehr ist über den Inhalt nicht in Erfahrung zu bringen, doch neben solchen fast als subversiv zu bezeichnenden Objekten werden sich auch ganz banale Erinnerungsstücke in den Kischten finden lassen, wie sie wahrscheinlich jeder Mensch sammelt: Ein Zweig, der an ein schönes Picknick im Wald erinnert, eine vom Sand mattgeschliffene Glasscherbe, durch die das Licht lindgrün hindurchfällt, ein alter Füller, der einen schon Jahrzehnte begleitet, ein Erinnerungsstück an einen wichtigen Menschen, in den man einmal verliebt war, eine Werbepostkarte, die einen wahrscheinlich gar nicht wirklich existierenden Sehnsuchtsort abbildet, oder ungesunde Süßigkeiten, die man nicht mit anderen teilen will. Alle diese Dinge, die nicht nur in einer Hutterer-Kiste, sondern in den Schubladen, Schrankfächern, Hand- oder Aktentaschen, Kommoden und Geheimfächern eines jeden Haushalts existieren, sind nichts besonderes. Materiell gesehen sind sie oft fast wertlos; ihre bedeutendste Eigenschaft zeigen sie in dem Moment, wenn ihre Eigentümer nach ihnen gefragt werden. Denn es wird nur unwillig über sie gesprochen; man erzählt nicht gern, was es genau ist, das einem an einer Scherbe, einem Kiesel oder einer abgestoßenen Postkarte so wichtig ist. Alle diese Gegenstände haben ihren Wert nur dadurch, dass eine Person sie ihrem Leben zuordnet und sie an einem Ort aufbewahrt, wo sie durch wiederholte Berührung und durch ein intimes Gesehen- und Bedachtwerden immer wieder mit einer Art geheimem Wissen aufgeladen werden. Für diesen personal-individuellen Wert kennt unsere Sprache nur Verlegenheitsbegriffe, die leicht in Variationen von Privateigentum übersetzbar sind: Der Begriff des »Souvenirs« ist eine solche Chiffre für die Schwierigkeit, die erhöhte Bedeutsamkeit eines eigentlich banalen Gegenstandes zu beschreiben. Noch unpassender ist die Charakterisierung durch die Zuschreibung von »ideellem Wert«, der letztlich ein Synonym für Marx' Warenwert ist: Ideeller Wert ist das, was Menschen bereit sind, für einen Gegenstand zu bezahlen, selbst wenn dieser Preis irrational ist und den reinen Produktionswert weit übersteigt. Der »ideelle Wert« ist, wie Marx selbst vielleicht formulieren würde, bereits für eine Umrechnung in materiellen Wert prädisponiert. Was sich in einer Kischte befindet, eignet sich höchstens zu einem heimlichen Tausch zwischen Verschworenen, die einander einen Blick in ihren Loculus erlaubt haben. Daraus folgt auch, dass sich in der Kischte keine Gegenstände befinden können, die zu einer »conspicuous consumption« verwendet werden können, wie Thorstein Veblen sie beschrieben hat: ein ostentatives Vorzeigen bestimmter besonders wertvoller oder mit kulturellem Kapital besetzter, modischer oder situativ wertvoller Dinge, das Prestige oder Statusgewinn mit sich bringt. Und selbst wenn der Büstenhalter, die Cowboystiefel, das verbotene Buch, die Glasscherbe oder der *Playboy* einmal jemand anderem gezeigt werden, dann in einer Situation der Vertrautheit und der Offenbarung eines Geheimnisses. Die wahrscheinlich relevanteste Eigenschaft der Kischten ist daher, dass ihr Inhalt geheim ist. Die Frage nach den Dingen, die in ihnen aufbewahrt werden, und jene, weshalb sie dort sind, kann dadurch gar nicht gestellt werden. Sie sind ein Raum von Individualität inmitten einer streng von christlichen Gesetzen und Regeln durchwirkten Welt, in der alle Dinge geteilt sind.

Wo Jesus Christus seinen Jüngern bei ihrer missionarischen Aussendung eine harte Askese auferlegte, sind die Hutterer sich bewusst, dass eine solche Absonderung von der Welt keinen vollständigen eigenen Kosmos konstituiert: Um ein gemeinsames Leben, eine geteilte Lebensform herstellen zu können, muss paradoxerweise ein Raum etabliert werden, der nicht geteilt wird, der das Geheimnis des einzelnen Lebens bleibt. In gewisser Weise ist das Leben der Hutterer und anderer Täufergemeinden wie der bekannteren Amischen der Versuch der Realisierung einer Utopie. Diese Utopie trägt aber in sich noch eine Art verkleinerter, minimaler und individualisierter Utopie, die in dieser von jedem Hutterer besessenen Holzkiste besteht. Die Kischte ist also in einem Sinn utopisch, in dem das Wissen um ihren Inhalt und der in ihr verwahrte Besitz geheim und dadurch auf eine fast intime oder körperliche Weise der Person zugeordnet sind, der die Kischte gehört. Sie ist ein Raum der Individualität und des Eigensinns, ein Ort, wo der Einzelne ohne Regeln und Einschränkungen für sich selbst da sein kann. Diese minimale Utopie kann dabei mit dem, was die Kischten beinhalten oder was mit besonderen, ausgewählten Personen geteilt wird, der sie umgebenden gemeinschaftlichen Utopie widersprechen.

Ein anderer »arkaner« Raum, ein berühmtes Beispiel für einen Loculus aus Holz, der in der westlichen Kulturgeschichte eine bedeutende Rolle gespielt hat und der in der Seemanns- und Walfangliteratur regelmäßig erwähnt wird, ist die Seemannskiste. Seemannskisten sind Loculi, deren Größe und Bauart normiert waren, damit die Seeleute sie auf allen Schiffen, auf denen sie anheuerten, gut unterbringen konnten. Seemannskisten oder von ihnen abgeleitete Truhen erkennt man in Antiquitätenläden heute noch daran, dass sie oftmals sehr abgenutzt sind, dass ihr Korpus nach oben zum planen Deckel hin, auf dem man sitzen und Karten spielen konnte, etwas schmaler zuläuft, damit sie auf dem schwankenden Schiff einen besseren Stand haben, und daran, dass sie auf kleinen Leisten stehen, um direkten Kontakt mit dem oftmals feuchten Boden der Schiffe zu vermeiden.

Auch über den Inhalt der Seemannskisten existieren nicht viele Beschreibungen. Eine der wenigen Aufzählungen ist in Robert Louis Stevensons *Schatzinsel* zu finden. In Bezug auf die Lebensform der Besitzer zeigt sich ein deutlich verschiedenes Bild, aber was den Inhalt der Kiste angeht, finden sich erstaunliche Parallelen. Die Hutterin ist in eine ökonomisch karge, aber einigermaßen abgesicherte gemeinschaftliche Versorgung eingebettet, die den Seeleuten komplett fehlte.

Stevensons *Schatzinsel* ist ab 1881 als Fortsetzungsroman erschienen und wahrscheinlich das prototypischste Jugendbuch, das je verfasst wurde. Dieser literarische Traum davon, eine Schatzkarte mit einem darauf eingezeichneten *X* zu finden, damit zu einer großen Schatzkiste zu gelangen und immensen Reichtum zu erhalten, beginnt mit der Beschreibung eines Geflechts aus recht ärmlichen Besitzverhältnissen: In einem Gasthaus namens Admiral Benbow, das auf gegenwärtigen Bewertungsportalen sicher nicht mehr als zwei Sterne bekommen würde, quartiert sich ein unheimlicher Seeräuber mit Namen Bill Bones ein, der sich nur als »Kapitän« anreden lässt, immer einen Säbel bei sich trägt und dessen Gesicht von einer schrecklichen Narbe gezeichnet ist. Bones' Beschäftigung über die nächsten Wochen besteht tagsüber darin, mit einem Fernglas auf den Klippen nach einem bestimmten Schiff Ausschau zu halten, über das er finstere Andeutungen macht, während er sich nachts fürchterlich betrinkt. Gepeinigt von einer großen, aber unausgesprochenen Angst häuft er im Admiral Benbow immer weiter Schulden an, bis ein Schlaganfall seinem Leben ein Ende bereitet. Erst später stellt sich heraus, dass seine Angst dem grässlichen Piratenkapitän Long John Silver galt, der auf der Suche nach ihm und der von ihm gehüteten Schatzkarte war. Jim Hawkins, der Sohn der Kneipenwirtin und die Erzählstimme der *Schatzinsel*, öffnet nach einigem Zögern und mit großen Skrupeln zusammen mit seiner Mutter nach dem Todesfall Bones' alte Seemannskiste in der Hoffnung, darin genug Geld zu finden, um Bones' beachtliche Rechnung auszugleichen. Er berichtet:

> Ein starker Tabak- und Teergeruch schlug uns entgegen, doch war oben nichts zu sehen als ein sehr gut erhaltener Tuchanzug, sorgfältig gebürstet und zusammengelegt; meine Mutter meinte, er wäre nie getragen worden. Darunter aber fing das Durcheinander an: ein Quadrant, eine Zinnbüchse, mehrere Tabakrollen, zwei Paar sehr hübsche Pistolen, ein Stück Stangensilber, eine

alte spanische Uhr und einige andere Schmucksachen von geringem Wert und meist ausländischer Herkunft, ein mit Messing beschlagener Zirkel und fünf oder sechs merkwürdige Muscheln aus Westindien. Oft habe ich seitdem nachgedacht, warum er wohl diese Muscheln bei seinem schuldbeladenen und gehetzten Wanderleben mit sich geschleppt haben mag. Von Wertsachen jedoch hatten wir bisher nichts als das Silber und die Schmucksachen gefunden, womit uns aber nicht gedient war. Darunter lag ein alter Schiffsmantel, weiß vom Seesalz so mancher Hafenbarre. Ungeduldig zog meine Mutter ihn heraus, und da lagen vor uns als letzte Gegenstände in der Kiste ein in Wachstuch gewickeltes Bündel, wahrscheinlich mit Papieren, und ein Sack aus Segeltuch, bei dessen Berührung ein Klang wie von Goldstücken laut wurde.[43]

Alle Gegenstände aus Bill Bones' Seemannskiste sind nachvollziehbar und aus seinem Dasein als Seemann und Pirat zu erklären: Die Kleidung entspricht einem Menschen, der sich auf See aufhält, der aber vielleicht für ein besseres, ruhigeres oder verheiratetes Leben an Land einen Tuchanzug aufbewahrt, der Quadrant und der Zirkel weisen auf seine gehobene Position eines Steuermanns, das heißt eines Navigators hin, und die Pistolen sind aus dem Grund folgerichtig, dass

Piraten ihre Waffen meistens selbst zu stellen hatten und nicht selten einen Anteil vom Ertrag des Raubzugs erhielten, der danach berechnet war, welche Waffen sie zu seiner Erbeutung bereitgestellt und eingesetzt hatten. Uhren, Schmuck, Münzen und Edelmetall sind als Grundsicherung oder Rente zu erklären: Wenn man heute noch davon spricht, etwas »auf der Hohen Kante« zu haben, dann ist mit dieser »Kante« ein kleines Brett oder ein Fach oben an der Rückwand der persönlichen Kiste gemeint, wo man sein Geld aufbewahrte. Am meisten beschäftigen den Erzähler der *Schatzinsel* aber die seltsam geformten Muscheln, die sie weit unten in der Seemannskiste fanden, wo das Privateigentum des üblen Piraten endete und der Loculus im strengen Sinn begann. Während sich bei allen anderen darüber aufbewahrten Gegenständen der Grund der Aufbewahrung von selbst erklärt, ist ein Seeräuber, der vom Anblick oder vom Besitz solcher Muscheln vielleicht sentimental wird oder mit ihnen eine schöne Erinnerung verbindet, eine etwas seltsame Vorstellung. Und doch hütete Bill Bones ein paar wertlose Muscheln in seiner Kiste und transportierte sie durch sein mörderisches und am Ende von Angst geplagtes Leben. Im Tonfall von Stevensons Erzählung ließe sich gut die Beschreibung eines heimlichen Moments vorstellen, in dem der Pirat vielleicht eine der Muscheln in die Hand nahm und sich ein leichtes Lächeln auf sein vernarbtes Gesicht stahl oder man einen unterdrückten Seufzer hören konnte, nach dem er aber kurz die Augen zusammenkniff und wieder lautstark nach dem Rum verlangte, an dem er letztlich stirbt. Diese Muscheln sind dem Piraten auf eine ganz ähnliche Weise »verboten« wie dem jungen Hutterer sein *Playboy*-Heft. Sie passen nicht in die Lebenswelt, stehen gegen die Regeln dessen, wie ein wahrer Pirat oder Hutterer zu sein hat, und sie sind deswegen Gegenstände, deren Wichtigkeit für die Selbstbehauptung der Person kaum zu überschätzen sind: Sie stehen für eine Ästhetik der Existenz, die keine Zuschauer hat, eine Selbstsorge, die sich den Mikromächten der Subjektformierung entzieht und gegen sie anarbeitet. Ihr Wert ist für die besitzende Person fast absolut, und es wundert einen nicht, dass sich unterhalb der geheimnisvollen Muscheln in Bill Bones' Kiste nur noch die noch geheimnisvollere Schatzkarte findet, die die eigentliche Handlung des Romans anstößt.

Wie ungemein wichtig es für die menschliche Psyche ist, nicht nur über die Mittel zum alltäglichen Überleben zu verfügen, sondern auch einen Loculus für sich beanspruchen zu können, wird in ökonomischen Krisensituationen und in Situationen massiven Verlusts besonders deutlich. Diese Krisensituationen sind vor allem

Zeiten von Armut, von Migration und von körperlicher und psychischer Bedrohung. In einer solchen ökonomischen Grenzsituation wäre anzunehmen, dass der Loculus zugunsten einer Ökonomie des reinen Überlebens aufgegeben wird. Aber stattdessen kann beobachtet werden, dass sogar eine Betonung seiner Wichtigkeit stattfindet. Denn mit ihm wird im Angesicht von Armut und Heimatlosigkeit eine letzte Ressource des Selbstbesitzes und der Selbstwirksamkeit gerettet.

Gut abzulesen ist dies an Günter Eichs Gedicht »Inventur«, das über einen festen Platz im Kanon der Schullektüre verfügt. Eines der gerne angewendeten Mittel, es den Schülern nahezubringen, besteht darin, sie ein Parallelgedicht dazu schreiben zu lassen. Darin und in einer zu leichtfertigen Interpretation liegt aber die Gefahr einer Fehldeutung, denn die darin geschilderte Situation extremer Armut und Bedrohung kann durch eine Nachdichtung nur schwer vermittelt werden, ohne es dabei zu banalisieren. Zu schnell gerät dieses karge Gedicht aus der direkten Nachkriegszeit zu einer Art bundesrepublikanischen Selbstversicherung der ärmlichen Ursprünge, aus denen sich das Land zu neuem Reichtum emporgearbeitet hat. Die »Stunde Null«, für die das Gedicht schon immer stehen musste, war immer schon nichts anderes als der Nullpunkt, ab dem Deutschland sich rückblickend wieder im Plus sehen wollte, die Null, ab der wieder schwarze Zahlen geschrieben wurden, moralisch wie ökonomisch. Und in der Tat: Die tatsächliche Armut und der Hunger, die nach 1945 nicht nur im Gebiet des zusammengebrochenen Dritten Reiches, sondern genauso und noch dramatischer in weiten Teilen Europas und insbesondere Osteuropas und Russlands herrschten, die Gewalt, die auch nach dem Krieg noch weiterging, ist hinter dem bedächtigen Tonfall des Gedichts schwer auszumachen. Vergegenwärtigt man sich nicht den Hunger und die offensichtliche und letztlich durch kein Anzeichen von Hoffnung gemilderte Obdachlosigkeit, aus der die erzählende Person spricht, klingt die buchstäblich inventarisierende und nüchterne Aufzählung nicht wenig nach dem Einzelhändler des Wirtschaftswunders, der seine Regale einräumt. Doch »Inventur« ist ein bitteres Gedicht:

Dies ist meine Mütze,
dies ist mein Mantel,
hier mein Rasierzeug
im Beutel aus Leinen.

Konservenbüchse:
Mein Teller, mein Becher,
ich hab in das Weißblech
den Namen geritzt.

Geritzt hier mit diesem
kostbaren Nagel,
den vor begehrlichen
Augen ich berge.

Im Brotbeutel sind
ein Paar wollene Socken
und einiges, was ich
niemand verrate,

so dient es als Kissen
nachts meinem Kopf.
Die Pappe hier liegt
zwischen mir und der Erde.

Die Bleistiftmine
lieb ich am meisten:
Tags schreibt sie mir Verse,
die nachts ich erdacht.

Dies ist mein Notizbuch,
dies meine Zeltbahn,
dies ist mein Handtuch,
dies ist mein Zwirn.[44]

Mantel, Mütze, Rasierzeug, Konservendose, Nagel, Brotbeutel, Socken, ein Stück Pappe, eine Bleistiftmine, Notizbuch, Zeltbahn, Handtuch und Nähgarn – und einige Dinge, die geheim bleiben.

Es gibt zwei Möglichkeiten, den Kern des Gedichtes zu bestimmen: Entweder es kreist um die heilsame Potenz der Poesie und des Dichtens selbst, besteht also in einer Selbstreferenz, oder der Angelpunkt der Inventur besteht in dem Selbstwiderspruch, eben nicht alles zu inventarisieren, sondern etwas Ungezähltes, Ungenanntes beizubehalten. Wird die erste Interpretation gewählt, erhält das Gedicht einen tröstlichen Klang, den es ohne die sechste Strophe nicht hätte: In der Poesie selbst ist dann Hoffnung, Rettung und bildungsbürgerlicher Lichtschein in dunkelster Stunde zu finden. Die materielle Kargheit wird hingegen deutlicher, wenn in der Lektüre auf die bittere Armut geachtet wird, die durch die Poesie auch nicht aufzuheben ist. Dass sich im Brotbeutel aber nicht »etwas« befindet, das niemandem verraten wird, sondern sogar »einiges« geheim bleibt, kann, wenn die zweite naheliegende Interpretation dieses Oberschulamtsklassikers gewählt wird, als eine tatsächliche Erleichterung verstanden werden. Die inventurbetreibende Person hat fast nichts, aber sie besitzt ein Geheimnis, und damit kann sie sich selbst der Inventarisierung entziehen, kann dem neugierigen Blick entgehen, mit dem auf die Armut der Nachkriegsjahre zurückgeblickt wird. Das »Wir hatten ja nichts!« verschweigt das Geheimnis, das man doch noch zu hüten weiß. Noch im kargsten, in wenigen Zeilen aufzählbaren Besitz wird in diesem Gedicht ein Loculus eingerichtet, dessen Geheimhaltung die Integrität der Person absichert. Die Person versichert sich ihrer eigenen Existenz mittels der Verschwiegenheit über das, was sie im Beutel hat. Solange ein solches räumliches Geheimnis vorhanden ist, existiert sie fort. Man weiß nicht, was Günter Eichs lyrisches Ich in seinem Brotbeutel geheim hält. Dieser Brotbeutel ist nicht irgendein Beutel unklarer Form, sondern mit ziemlicher Sicherheit der »Brotbeutel M31«, der als Umhängetasche und Proviantbehälter an die Wehrmachtssoldaten ausgegeben wurde und der eine äußerst starke Ähnlichkeit mit der Loculus-Umhängetasche der Legionäre aufweist. Beginnt man, gegen die literaturwissenschaftliche Konvention, zu spekulieren, was sich darin wohl befunden haben könnte, erkennt man die Bedeutung dieser Geheimhaltung. Bei den Muscheln des Piraten und für den Lippenstift der Hutterin wurde die Geheimhaltung gebrochen, und es wurde ein vielleicht sogar etwas voyeuristischer Einblick hergestellt. In Günter Eichs Brotbeutel bleibt das Geheimnis erhalten. Es könnte ein belangloser Gegenstand gewesen sein, eben eine Muschel oder ein Lippenstift. Ebenso könnte darin ein Foto eines geliebten Menschen gewesen sein, der schon 1935 bei einer Razzia der SA verschwunden ist. Es könnte sich darin ebenso eine Ausgabe von Hans Grimms *Volk ohne Raum* befunden haben wie eine Ausgabe von Kropotkins *Die Eroberung des Brotes*. Es könnte eine Pistole in dem Beutel gewesen sein, gestohlener Schmuck oder ein antifaschistisches Flugblatt. Aber darin könnte auch, sorgfältig in einen Socken gerollt, eine der Zyankali-Kapseln versteckt gewesen sein, die gegen Ende des Krieges an hochrangige Parteimitglieder und SS-Männer ausgegeben wurden. Alle diese Dinge hätten eine entscheidende interpretatorische Relevanz und würden dem Gedicht eine bestimmte Lesart aufzwingen, schlicht weil sie nicht nur als undifferenzierte Exemplare existierten, wie die Blechdose oder der Bleistift, sondern weil sie als individuelle Dinge dem lyrischen Ich selbst Individualität verliehen. Jeder dieser Gegenstände würde dem Gedicht und vor allem der darin erzählenden Person eine gänzlich andere Bedeutung verleihen, und gerade weil diese ausgespart und das Geheimnis gewahrt bleibt, wird das Gedicht so bemerkenswert. Weil in ihm ein Geheimnis unausgesprochen bleibt, erhält es einen so bemerkenswert humanistischen Klang: Egal was dieser Mensch da heimlich mit sich führt, erst die Tatsache, dass er oder sie darüber keine Auskunft geben will, macht ihn zum Menschen. Erst durch die Nichtinventarisierbarkeit wird die Person überhaupt zur Person. Mit einem Blick in den Loculus oder durch seinen Verlust wird der Personenstatus hingegen problematisch.

Wiener Jugend um 1900: Freuds »Dora«

Unordentliches Kind […] Seine Nomadenjahre sind Stunden im Traumwald. Dorther schleppt es die Beute heim, um sie zu reinigen, zu festigen, zu entzaubern. Seine Schubladen müssen Zeughaus und Zoo, Kriminalmuseum und Krypta werden.[45]

Walter Benjamin

Es liegt nahe, die Loculus-Hypothese ins Psychologische weiterzuführen und sie für Überlegungen zur seelischen Konstitution des Menschen fruchtbar zu machen. Inwiefern kann der Einzelne über diese Gegenstände seine Präsenz und seine Wirksamkeit in der Welt absichern? Dass die Gegenstände körperliche Extensionen sein können, wurde oben bereits angesprochen. Doch erstreckt sich mit dem Körper auch die Psyche des Menschen in die ihn umgebenden Gegenstände? Wenn dem so ist, wenn die uns umgebenden Gegenstände Träger unserer psychischen Verfassungen sind, werden einige Dokumente der Psychiatriegeschichte neu lesbar. Insbesondere Sigmund Freuds berühmtester Fall erscheint angesichts der Hypothese, dass jeder Mensch eine Kiste, eine Tasche und ein eigenes Zimmer braucht, in völlig neuem Licht. Die

Krankengeschichte seiner Patientin Dora dreht sich um ihre Handtasche, ihr Schmuckkästchen, die Unverletzlichkeit des Zimmers, in dem sie Mittagsruhe hält, eine kleine Pappschachtel und ihren Schreibtisch. Genau genommen ist der Schreibtisch der Ausgangspunkt der von Freud diagnostizierten Hysterie, an deren Behandlung er, das gibt er selbst zu, letztendlich scheiterte.

Dora, die eigentlich Ida Bauer hieß und die jüngere Schwester des Austromarxisten Otto Bauer war, hatte keine glückliche Jugend. Ihr Entwurf eines Abschiedsbriefs war von ihren Eltern vor ihrem geplanten Suizid entdeckt worden. Dora hatte ihn in ihrem Schreibtisch verschlossen und war sich deswegen sicher, dass sie ihn nicht lesen würden. Dass es doch geschah, war die erste Invasion in ihre räumliche Privatheit. Freud selbst glaubte Dora nicht, die sich sicher war, das Papier weggeschlossen zu haben; stattdessen war er überzeugt, dass Dora den Brief den Eltern zugespielt habe, indem sie ihn offen herumliegen ließ.[46] Ihr Vater, der auf ihre Behandlung insistierte, hatte eine schlecht versteckte Beziehung mit einer anderen Frau, und Herr K., deren Ehemann, machte sich an Dora heran, was ihr Vater mindestens tolerierte, wenn nicht sogar ermöglichte. Dies sei aber, dessen war sich Freud sicher, kein offenes Tauschgeschäft zwischen den beiden ehrbaren Männern gewesen, denn Doras Widerwille gegen ihren Vater und gegen ihren

Verehrer, ihr chronischer Husten und ihre Kränklichkeit seien schlicht Symptome ihrer Hysterie.

Letztlich war Doras Abschiedsbrief der Auslöser dafür, dass Dora gegen ihren Willen zu Freud in Behandlung geschickt wurde, bei dem auch schon ihr Vater eine Analyse gemacht hatte. Doras Analyse ging eine Geschichte voraus, in der Freud einen dichten Teppich an hysterischen Symptomen zu erkennen meinte, die aber eigentlich eine Kette von Erfahrungen sexuellen Missbrauchs war. Das einschneidendste und tief traumatisierende Erlebnis war für sie, dass sie mit 14 Jahren von Herrn K., dem wesentlich älteren Freund der Familie, massiv bedrängt wurde: Dieser schloss Dora zusammen mit sich selbst in seinem Ladengeschäft ein, packte sie, zog sie an sich und versuchte, sie zu küssen. Dass sie Ekel vor diesem übergriffigen Mann empfand, dass sie sich wehrte, davonlief und nichts mehr mit ihm zu tun haben wollte, anstatt sexuell erregt zu sein, war für Freud ein eindeutiges Anzeichen: Hier sei, so schreibt er, »das Benehmen des 14 jährigen Kindes bereits ganz und voll hysterisch. Jede Person, bei welcher ein Anlaß zur sexuellen Erregung überwiegend oder ausschließlich Unlustgefühle hervorruft, würde ich unbedenklich für eine Hysterica halten«.[47] Als Dora beschreibt, dass sie den Griff K.s und seinen sich an sie drängenden Körper noch Jahre später als physisch beklemmend fühlen könne, deutet Freud dies einfach als erinnerte verschobene Wahrnehmung des in Wirklichkeit wohl damals an ihrem Körper gespürten erigierten Penis von Herrn K. Zudem wundert sich der Seelenarzt, dass bei der 14-jährigen Dora dabei nicht die analoge vaginale Reaktion eintrat, denn Herr K. sei ein durchaus ansehnlicher und keineswegs abstoßender Mann. Dora wehrte sich in Freuds Beschreibung nicht gegen einen unschwer erkennbaren sexuellen Missbrauch, sondern sie sei eine exemplarische Hysterikerin, dessen war sich Freud sicher. K. beließ es nicht bei dem einen Versuch, er beobachtete Dora, wenn sie sich umzog, betrat das Zimmer, in das sie sich zum Mittagsschlaf zurückgezogen hatte, verfolgte sie auf der Straße und gestand ihr bei einem Waldspaziergang überschwänglich seine Liebe. Dora wies ihn immer wieder zurück und fühlte sich bedrängt.

Liest man diese Krankengeschichte mit dem Abstand von 110 Jahren, wird deutlich, dass Dora vielleicht einen ganz physiologisch erklärbaren chronischen Husten hatte, während Doras Vater, Herr K. und Freud eine Art Dreigespann der Macht über die junge Frau darstellten. Sie breiteten über ihr ein patriarchales Netz aus väterlicher, freundschaftlicher und therapeutischer Herrschaft aus, dem sie nicht entkommen konnte und das ihr Leben vollständig dominierte. Freud selbst, dem als Therapeut die Rolle hätte zukommen können, Dora einen Weg aus der psychischen und sozialen Konstellation zu zeigen, unter der sie offenbar litt, attestierte ihr in der letzten Fußnote der Fallstudie eine Neigung zu »grausamen und sadistischen Regungen«,[48] und in einem später geschriebenen Nachwort sieht er in ihr eine »rücksichtslose Rachsucht«[49] am Werk.

Wie in vielen der Freudianischen Analysen lohnt es sich, Freuds Tiefenhermeneutik, die in diesem Fall sogar zum Komplizen der Traumatisierung wird, beiseite zu lassen und die »Oberfläche« der Erzählung näher zu betrachten.[50] Wo Freud alle Symbole und Zeichen in den Erzählungen und Reaktionen Doras als verschobenen oder verdrängten Ausdruck eindeutig sexueller Bedeutungen sehen will, hilft es, zuerst mit einem dezidiert naiven Blick auf den Text einen Katalog der Motive zu erstellen, die oftmals eine gemeinsame und relativ offensichtliche Struktur ergeben. Diese vielleicht bekannteste, sicherlich aber literarischste der Freud'schen Krankennovellen dreht sich um Doras Zimmer, dessen Nicht-Abschließbarkeit sie beklagt, um das Schmuckkästchen ihrer Mutter und um eine Schatulle, die sie selbst besaß, um eine Pappschachtel mit Postkarten, um ein Schränkchen, in dem Doras Vater Cognac aufbewahrt, und um ihr Handtäschchen. Es fällt schnell auf, dass all dies Orte sind, die als prototypische Beispiele für den Loculus gelten können.

Die berühmteste Szene dieser Krankengeschichte dreht sich um Doras Handtasche: In einer der Analysestunden liegt Dora auf Freuds Couch und hat ihre Handtasche auf ihren Bauch gelegt, statt sie an eine Garderobe zu hängen oder auf einem leeren Stuhl oder vor der Couch abzulegen. Allein die Tatsache, dass sie sich so »unter« ihre Tasche gelegt hat, könnte bereits als Versuch gelesen werden, sich selbst in der dezidiert exponierten Situation der liegenden Analyse zu schützen und sich symbolisch zu verstecken. Während der Analysestunde nestelt Dora in nervöser Bedrängnis an ihrem Täschchen herum, was Freud beobachtet; sie öffnet und schließt es immer wieder, steckt einen oder mehrere Finger hinein und zieht sie wieder heraus, öffnet es erneut, schließt es erneut. Freud entwickelt dazu eine spontane Deutung und konfrontiert sie sofort damit, eine Praxis, die er später nicht mehr als empfehlenswert darstellt. Freuds Interpretation der Anzeichen für Doras Nervosität ist bekannt: Er erkennt in dem Täschchen Doras Vagina, und ihr nervöses Herumnesteln an der Tasche ist für ihn nichts anderes als eine Masturbation oder wenigstens ein unbewusster Ausdruck ihres Masturbationswunsches. Im Rahmen einer spezifischen, auf's banal Sexuelle ausgerichteten Hermeneutik ist das folgerichtig, es braucht aber nicht viel, um darin eher einen Fluchtversuch Doras zu erkennen und den Wunsch, sich der Behandlung, der sie nie zugestimmt hat, zu entziehen. Ihre Tasche wäre dann der symbolische Schutzraum, den sie vor Beginn der Stunde nicht abgelegt, sondern auf die Couch mitgenommen hat und in den sie sich nun zurückzuziehen versucht, um Freuds Blick, seinen Nachfragen und seinen unangenehmen Interpretationen zu entgehen. Dass Dora einigermaßen verzweifelt ein Refugium vor dem männlichen Blick sucht, lässt sich ohne Weiteres verstehen angesichts der Verfolgung durch einen von ihr abgelehnten Mann, des Zwangs durch den Vater, sich therapieren zu lassen, nachdem er ihren Schreibtisch durchwühlt hat, sodass sie nun einem weiteren Mann ausgesetzt ist, der alles was sie tut und sagt, sexuell deutet. Dora versucht, ihren Loculus als Schutzraum vor den männlichen Blicken zu benutzen.

Nach der Skizzierung der Krankengeschichte stützt Freud seine Hysteriehypothese vor allem auf zwei Träume Doras, von denen der erste ebenfalls um einen Loculus kreist. Dora gibt ihren Traum so wieder:

> *In einem Haus brennt es,* erzählte Dora, *der Vater steht vor meinem Bett und weckt mich auf. Ich kleide mich schnell an. Die Mama will noch ihr Schmuckkästchen retten, der Papa sagt aber: Ich will nicht, daß ich und meine beiden Kinder wegen deines Schmuckkästchens verbrennen. Wir*

eilen herunter, und sowie ich draußen bin, wache ich auf.[51]

Dora hatte einige Zeit vorher ebenfalls ein solches Schmuckkästchen geschenkt bekommen, von eben dem Mann, der sie sexuell belästigt hatte und in den sie laut Freud uneingestanden verliebt sein soll – wie Freud ihr überhaupt eine sexuelle Anziehung zu allen an ihrer Krankengeschichte Beteiligten diagnostiziert, auch zu ihm selbst, woraus er den ersten Ansatz zu seiner Übertragungstheorie entwickelt. Dass es im Traum wichtig ist, das Kästchen ihrer Mutter oder ihr eigenes zu retten, kann, wenn Freud recht hätte, den Versuch der Erhaltung ihrer Jungfräulichkeit bedeuten oder eben den Versuch, in einer Situation der Zerstörung ihres Zuhauses und unter dem Imperativ ihres Vaters einen Raum zu bewahren, der ihr Schutz geben kann.

Die Thematik von Doras Raum, und sei dieser Raum eine Schreibtischschublade, eine kleine Schachtel für Postkarten oder der Speisekasten, aus dem Dora für ihren Vater Cognac holen soll, taucht auch weiterhin fast obsessiv in Freuds Beschreibung der Krankengeschichte auf: Doras zweiter Traum handelt davon, dass Dora den Weg zum Bahnhof sucht, um zu ihrem Vater zu gelangen, der im Sterben liegen soll. Sie kann den Bahnhof in ihrem Traum aber nicht erreichen, immer wieder fragt sie nach dem Weg und bekommt gesagt, sie sei in fünf Minuten oder in zweieinhalb Stunden da. Am Ende kommt sie zu spät, alle Verwandten sind schon bei der Beerdigung, sie geht im Traum in ihr Zimmer hinauf zu ihrem Schreibtisch, auf dem ein großes Buch liegt. Sie ist keineswegs traurig, setzt sich an den Schreibtisch und liest in dem Buch. Freuds Interpretation des Traumes ersetzt den Bahnhof schlicht durch eine Schachtel, die in einer vorher von Dora berichteten Alltagssituation eine Rolle gespielt hat. Freuds Letztbegründung dieser einfachen Ersetzbarkeit des Bahnhofes durch die Schachtel ist dabei nicht mehr als ein Klischee: »Eine Schachtel und ein Weib, das geht schon besser zusammen.«[52] Dass Freud den Bahnhof außerdem sexuell deutet, weil Bahnhöfe ja etwas mit *Verkehr* zu tun haben, wäre heute nur noch in einer Karikatur des psychoanalytischen Verfahrens zu äußern, wird von ihm aber ohne jede Ironie als Argument angeführt. Solche simplen Deutungen auf's Vaginale, oder, noch wesentlich öfter, auf's Phallische hin haben der Psychoanalyse seit ihrer Gründung immer mehr geschadet als genutzt. Noch der entschiedenste Wille, Freud gegen seine Kritiker zu verteidigen, muss bei dem, was er aus Doras Leidensgeschichte machte, an seine Grenzen kommen.

Mit den Überlegungen zum Loculus im Hintergrund kann eine Deutung vorgeschlagen werden, die etwas freundlicher zu Dora ist und die zuerst mit diesem Raum eines Selbst zu tun hat, den Dora in jedem der kleinen Orte, die für sie eine solche Rolle spielten, verteidigen wollte.

Dora hat in Mick Kelly, der heimlichen Hauptfigur in Carson McCullers *Das Herz ist ein einsamer Jäger*, eine enge Verwandte. Micks Loculus ist eine Schachtel, die sie unter dem Bett aufbewahrt:

> Sie setzte sich auf den Boden, holte die Schachtel unter dem Bett hervor und begann zu arbeiten. In der großen Schachtel lagen die Bilder, die sie im Zeichenkurs gemalt und nun aus Bills Zimmer entfernt hatte. Außerdem enthielt die Schachtel drei Kriminalromane, die sie von ihrem Papa geerbt hatte, eine Puderdose, ein Kästchen mit allerlei Uhrenteilen, eine Halskette aus Strass, einen Hammer und einige Notenhefte. Ein Notenheft war verschnürt, darauf war in Rot geschrieben: STRENG PRIVAT! ANSEHEN VERBOTEN! PRIVAT![53]

Dass für den orthodoxen Psychoanalytiker der Loculus nur ein stellvertretendes Deckkonzept für sexuelle Bedeutungsebenen darstellt, das ihm insbesondere dann einleuchtet, wenn er unter dem Bett aufbewahrt wird, ist nicht zu vermeiden. Und sicherlich ist dies eine denkbare Tiefeninterpretation, doch eine kulturwissenschaftlich geöffnete psychoanalytische Neugier kann hinter dem Bedürfnis, eine dem konkreten Ich vorbehaltene Räumlichkeit besitzen zu wollen, eine Subjektkonzeption stehen lassen, die nicht sofort in eine libidinöse Semantik aufgelöst werden muss. Manchmal ist eine Tasche keine Vagina, sondern einfach eine Tasche, und sie dient zu dem, wozu Taschen dienen: Um etwas darin aufzubewahren, selbst wenn dieses Etwas ein wenig paradox die ganze Person sein soll. Einige Jahre später scheint Freud verstanden zu haben, dass manche individuellen Dinge dem Zugriff aller anderen Menschen verwehrt sind: »Auf dem fortwährend gebrauchten Eigentum eines Menschen liegt ein dauerndes Tabu für jeden anderen; so auf seinen Kleidern, Werkzeugen und Waffen.«[54] Dass seine Analyse genau auf diese Art von Gegenständen Doras zuzugreifen versuchte und damit dieses später selbst formulierte Tabu brach, ist eine Tatsache, die in der weiteren Aufarbeitung von Doras Fall bisher nicht deutlich genug gemacht wurde. Vielleicht hätte Freud Dora einige Jahrzehnte später besser und erfolgreicher therapieren können.

Dora erhebt nicht nur Anspruch auf ihr Schmuckkästchen und ihre Handtasche, sondern auch auf die Privatheit ihres Schreibtisches, auf die Ungestörtheit ihres Mittagsschlafes und darauf, sich umziehen zu können, ohne dass ein Mann »zufällig« ins Zimmer platzt. Das geht über die bisher besprochenen Beispiele des Loculus hinaus und weist in eine Richtung, in der das eigene Zimmer ein solcher Raum der Selbstaufbewahrung und einer buchstäblichen Geborgenheit sein kann. Dass Frauen um 1900 von ihren Vätern und Verehrern alle diese Rechte abgesprochen wurden und man sogar die neuesten psychologischen Behandlungsmethoden aufwandte, um die männliche Verfügungsgewalt über den Raum zu bewahren, spiegelt sich nicht nur in der Krankengeschichte der Dora wider. Die bürgerliche Wohnung stellte eine paternalistische Utopie dar, die der Hausvater von fremden Eindringlingen und von Ansprüchen frei halten musste, die seinen Interessen entgegenliefen. In der Literatur nach 1900 gibt es einige Beispiele für solche Störungen der väterlichen Herrschaft über das Bürgerhaus: Kafkas Odradek, das rätselhafte Wesen, das aus einigen verfitzten Fäden und einer Garnspule besteht, wird nicht ohne Grund als ein heiteres, harmloses Wesen beschrieben, das dem Hausvater aber Sorgen bereitet: Es ist ein Eindringling und ein dem Vater unverständlicher Gegenstand, der gerade durch seine gänzlich unväterliche Unernsthaftigkeit zur »Sorge des Hausvaters« werden kann. Ein anderer solcher Eindringling ist in Walter Benjamins *Berliner Kindheit um 1900* beschrieben: das Telefon, das die Ruhe der bürgerlichen Wohnung untergrub, indem es einen Platz in den sowieso schon überladenen Biedermeierzimmern beanspruchte. Wenn es unerwartet klingelte, so war dies nicht nur ein harmloses Glockenläuten, sondern »ein Alarmsignal, das nicht allein die Mittagsruhe meiner Eltern, sondern die weltgeschichtliche Epoche störte«.[55] Das Telefon verurteilte den Vater zu manischem Kurbeln an dem Apparat, und vor allem ließ es eine Stimme in dem Appartement vernehmbar werden, die Autorität über den Vater hatte: Aus dem Telefon sprach die durch Technik ermächtigte Stimme der Telefonistin, der der Vater zuhören musste und deren Anweisungen er sich zu fügen hatte.

An einer anderen Stelle in Benjamins *Berliner Kindheit* treten die weibliche Autorität im Haus und Odradek zusammen auf: Wenn der junge Benjamin einen Knopf an seiner Jacke angenäht bekam und dabei von seiner Mutter angewiesen wurde, stillzuhalten, bannte ihn dieser Befehl in einer absoluten Unbeweglichkeit. In diesem Moment, wenn das gelähmte Kind der Herrschaft der Mutter und ihres unübersichtlichen, geheimnisvollen Nähkastens ausgesetzt war, beschlichen ihn Zweifel, »ob dieser Kasten von Haus aus überhaupt zum Nähen sei«.[56] Benjamin meinte, wenn er in diesen Momenten völliger Unbeweglichkeit in das Nähzeug schielte, ganz unten, zwischen den Fäden, Nadeln und Spulen, Kafkas Odradek selbst entdecken zu können, der sich stellvertretend für die mysteriöse mütterliche Macht dort eingerichtet hatte, um nicht nur ihm, sondern allen männlichen Bewohnern der Berliner Wohnung Sorge zu bereiten. Dass Benjamin die väterliche Angst vor der Invasion ohne Weiteres teilt, zeigt aus heutiger Sicht, dass die Integrität des Hauses zu diesem Zeitpunkt noch eine männliche Utopie darstellen konnte. Doch auch wenn die weiblichen Autonomiebedürfnisse wie bei Dora noch therapierend in die Schranken gewiesen werden sollten, begann hier tatsächlich das Ende der weltgeschichtlichen Epoche der unhinterfragbaren männlichen Herrschaft.

Der Vielleser Benjamin deutete mit dem Nähkasten seiner Mutter auch ein anderes hochliterarisches Nähtischchen an, das in Fontanes *Effi Briest* der Loculus war: Im selben Alter, in dem Dora zur Therapie geschickt wurde, wurde Effi Briest an einen ältlichen und sterbenslangweiligen Baron verheiratet. Sie verfügte als Intimraum auf seinem Gutshof nur noch über ihr seitdem sprichwörtlich gewordenes »Nähkästchen«, aus dem sie aber eben nicht plaudern wollte, sondern wo sie die Briefe ihres Liebhabers aufbewahrte. Das Kindermädchen ihrer kleinen Tochter beschloss eines Tages unnötigerweise, das Nähkästchen aufzubrechen, um darin nach Verbandsmaterial für ein aufgeschürftes Kinderknie zu suchen: »bloß wo die Binde hernehmen? … Richtig, da fällt mir ein, die liegt im Nähtisch. Er wird wohl zu sein, aber das Schloß ist Spielerei; holen Sie nur das Stemmeisen, Roswitha, wir wollen den Deckel aufbrechen.«[57] Das verdächtige Paket mit den Briefen aus einem der Fächer wird Effi Briests Ehemann überlassen, er öffnet das Bündel und er liest die Briefe mit derselben Borniertheit wie Doras Vater ihren Schreibtisch durchsuchte oder Freud in ihr Unbewusstes einzudringen versuchte.

Ob in Kafkas Version, in der Odradek die patriarchale Weltordnung stört, ob in Benjamins Version, in der ein verwirrtes Kind nicht versteht, wie es mit dem Ausnahmefall mütterlicher Verfügungsgewalt im Hause umgehen soll, ob in Doras Schreibtisch und Handtasche oder in Effi Briests Kästchen, immer kann der kleine Ort des langsam verdämmernden Viktorianismus als die Chiffre für eine Behauptung weiblicher Verfügung über einen Raum verstanden werden, der Männern wie dem Baron, Benjamin, Freud oder Doras und Kafkas Vater buchstäblich »unheimlich« war.

Bis zu Beginn des letzten Jahrhunderts war das Eindringen der Frauen in den männlichen Machtbereich des Hauses lediglich situativ, ihrer Rolle als nährender und sorgender Hausmutter entsprechend und dadurch weitgehend folgenlos geblieben, und eine konsequente Beanspruchung eigener Bereiche, die nicht nur mit häuslichen Tätigkeiten wie Nähen, Kochen oder sonstigen sorgenden Arbeiten verbunden waren, blieb aus. Die meiste Zeit waren die Orte der Frauen im Haus auf ihre Nähkästen, ihre Cassoni und Aussteuertruhen beschränkt. Das immer vehementere Pochen der Frauen auf ihren eigenen Raum und der damit einhergehende Zusammenbruch des rein männlichen Kosmos drückte sich am markantesten in der bekannten, 1928 von Virginia Woolf geprägten Formel »A Room of One's Own« aus: In ihrem so überschriebenen narrativen Essay beschreibt sie, was es bedeutete, dass Frauen der Anspruch auf ein eigenes Zimmer in der westlichen Kultur zu allen Zeiten verwehrt worden war. In Woolfs kurzer, aber eindringlicher Beschreibung der unbekannten Schwester Shakespeares, die die Begabung ihres Bruders teilte, aber keinen Ort und keine Berechtigung dazu hatte, dieser Begabung zu folgen, finden sich wahrscheinlich die wichtigsten Zeilen des sich langsam, aber entschieden konstituierenden Feminismus. In ihrem Kampf um einen eigenen, ungestörten Raum, der für viele emanzipatorische Bewegungen konstitutiv ist, hat Virginia Woolfs Raumforderung die Auseinandersetzungen über Effi Briests Nähkasten und Ida Bauers Zimmer, Schreibtisch und Handtasche als Vorfahren.

Die vehemente Ablehnung, die den von Frauen getragenen Taschen im 19. Jahrhundert entgegengebracht wurde, ist auch in der ikonischen Szene zu spüren, in der Jack in Oscar Wildes *The Importance of Being Earnest* der standesbewussten Lady Bracknell erzählt, wie er als Findelkind in einer Reisetasche gefunden wurde, die verlassen in einem *cloak room* der Victoria Station stand.

Lady Bracknell empört sich über die Ungeheuerlichkeit, die sich Jack in ihren Augen dadurch zuschulden kommen ließ. Und sie sagt deutlich, dass sie sich darüber nicht nur aus einem bürgerlichen Moralempfinden echauffiert, sondern dass sie solcherlei Taschen und deren Verwendung mit einer dezidiert politischen Ablehnung begegnet:

> Mr. Worthing, ich muß zugeben, ich bin etwas verwirrt über das, was Sie mir gerade gesagt haben. In einer Reisetasche geboren oder zumindest aufgezogen worden zu sein, gleich ob sie Henkel hatte oder nicht, scheint mir Ausdruck einer verächtlichen Haltung gegenüber der allgemeinen Schicklichkeit des Familienlebens zu sein, die den schlimmsten Auswüchsen der französischen Revolution gleichkommt. Und ich nehme doch an, Sie wissen, wohin diese unglückliche Entwicklung geführt hat?[58]

Vielleicht hat Lady Bracknell nicht einmal ganz unrecht damit, dass Taschen, mit Henkeln oder ohne, einen Einfluss auf die Abschaffung der biedermeierlichen »decencies of familiy life« hatten: Zum Ende des 19. Jahrhunderts wurden die von den Frauen mitgeführten Taschen größer. Das hatte nicht nur damit zu tun, dass sich darin von dieser Zeit an langsam mehr als nur ihr Necessaire befand, sondern auch damit, dass sie nun Dinge darin transportierten, deren Benutzung lange den Männern vorbehalten war. Vor allem hatten Frauen zum Ende des viktorianischen Jahrhunderts zunehmend ihr eigenes Geld bei sich, mit dem sie auch unabhängig vom männlichen Blick agieren konnten, aber auch andere, ebenso emanzipative Gegenstände wie Schlüsselbünde, Bücher und wahrscheinlich bei den Suffragetten auch das eine oder andere Terzerol. Der Ruf der Handtasche als einem weiblichen und eitlen Accessoire ist unbegründet oder eher aus dem schmollenden Ressentiment entstanden, dass die Männer ihre wichtige Funktion als Geld- und Schlüsselbewahrer der Frauen verloren. Sie sahen ihren alten Platz am Arm ihrer Frau nun zunehmend durch schnöde Behälter mit Henkeln ersetzt.

Dass die Taschen der Frauen als unfein galten und mit der Französischen Revolution in Verbindung gebracht wurden, ist nicht nur anhand von Lady Bracknells borniertem Urteil zu belegen: Nach der Niederwerfung der Pariser Kommune durch die reaktionäre Allianz galten alle Frauen als verdächtig, die Taschen oder Körbe bei sich trugen. Ihnen wurde vorgeworfen, sogenannte *petroleuses* zu sein, die angeblich planten, das von den monarchistisch-bürgerlichen Truppen eingenommene Paris niederzubrennen.[59]

Der Kampf darum, eigene Dinge zu haben, eine Tasche tragen zu dürfen, in die kein männlicher Blick fallen sollte, und darum, ein Zimmer für sich zu haben, in dem ein Tisch stand, an dem Werke geschrieben werden konnten, die sich mit denen von Shakespeare zu messen vermögen, oder wo ein Abschiedsbrief entworfen oder in einem großen Buch gelesen werden konnte, wie Dora es wollte, war die ursprüngliche Aneignung eines Ortes in der Welt. Nur wer Anspruch auf einen Loculus und einen Ort für sich erheben kann, sei dies eine Tasche, ein Koffer, ein Korb oder ein Zimmer mit Ausblick, eigenem Bett und Schreibtisch, hat einen Platz in der Welt.

Dass mit dem eigenen Zimmer das Konzept des Loculus auf einen Bereich ausgeweitet wurde, der nicht mehr mobil ist wie der Loculus der römischen Legionäre oder die Seemannskisten, bedeutet nicht, dass das Konzept kategorial erweitert wurde: Das eigene Zimmer dient ebenso zur Selbstaufbewahrung und auch als ein Ort des heimlichen Widerstands gegen die Herrschaft wie die Kischte der Hutterer und Doras Schmuckkästchen. Wenn in einer Tasche das eigene Geld aufbewahrt wird, so ist dieses Geld für die Selbstwirksamkeit von genauso großer Bedeutung wie die Hand, mit der es aus der Tasche genommen wird, um etwas zu bezahlen. Hier Symbolisches und Körperliches voneinander trennen zu wollen, zieht einen Graben zwischen den Menschen und den Dingen, den es im alltäglichen Handeln nicht gibt.

Die Loculusfeindschaft totaler Institutionen

Die Tuareg tragen ihre Habseligkeiten in Lederbeuteln mit sich herum. Diejenigen, die Wertgegenstände enthielten, wurden mit Schlössern einheimischer Bauart verschlossen, wobei manchmal drei Schlüssel nötig waren, um die Kombination zu betätigen. Als Vorsichtsmaßnahme erschien dieses System sehr ineffektiv, da jedermann einen Dolch bei sich trug und, wenn er gewollt hätte, das Schloß hätte ignorieren und den Lederbeutel aufschlitzen können. Aber niemand dachte daran, dies zu tun. Das Schloß wurde allgemein als Symbol des Privateigentums respektiert.[60]

John Skolle

Die väterliche und die therapeutische Instanz, die Dora vollständig durchleuchten wollten, sind eine Sonderform derjenigen Macht, die sich in der Kontrolle der Individualräume niederschlägt. Diese Macht, die immer in Richtung Loculus blickt, ist nicht nur im familiären Bereich gegeben, sondern sie wird auch in anderen gesellschaftlichen Institutionen sichtbar, wo sie sich ins Extrem steigern kann. In Auschwitz angekommen, war einer der ersten Schritte der Vernichtung der Person, dass ihr das Gepäck weggenommen wurde. Mit der Beschlagnahmung und dezidiert achtlosen Stapelung der Koffer und Taschen wurde den Gefangenen kommuniziert, dass nun ein Prozess begonnen hatte, der auf die Person und ihre Individualität keinen Wert mehr legte, sondern in eine Richtung wies, die nur mit dem Tod der Person enden konnte – und dies auch millionenfach tat. Hannah Arendt, der scharfsinnigen Historikerin der Schoah, war dies klar. In ihrem *Denktagebuch* schreibt sie: »Erst mit dem Eigentum von Dingen beginnt menschliches Leben. Wird jemand seiner Dinge beraubt, so hat er erst einmal seine Bedingung verloren, und im äußersten Falle verliert er so die ›human condition‹.«[61]

Es gibt viele Beispiele für Widerstand in den Konzentrationslagern, und auch die simple Herstellung eines Individualraums kann eine selbstbehauptende und widerständige Handlung sein. Primo Levi beschreibt, wie in den Konzentrations- und Vernichtungslagern unter den Häftlingen versucht wurde, einen Ort für sich selbst einzurichten, der gelegentlich aus nur einem Nagel bestand:

> Die Fähigkeit des Menschen, sich auch in offenbar verzweifelten Situationen einen Schlupfwinkel zu schaffen, sich abzukapseln, eine dünne Schutzwand rings um sich zu errichten, ist erstaunlich groß und verdiente eine eingehende

Untersuchung. Es handelt sich dabei um einen sehr heiklen Anpassungsvorgang, der zum Teil passiv und unbewußt, zum Teil aktiv ist, wie: einen Nagel überm Bett einzuschlagen, um nachts die Schuhe daranzuhängen; stillschweigende Nichtangriffspakte mit den Nachbarn abzuschließen; die Gepflogenheiten und Gesetze des jeweiligen Kommandos und des jeweiligen Blocks zu erraten und zu akzeptieren. Dank dieser Arbeit ist man imstande, nach Ablauf einiger Wochen ein gewisses Gleichgewicht, einen gewissen Grad von Sicherheit dem Unvorhergesehenen gegenüber zu erlangen. Man hat sich ein Nest gebaut, das Trauma der gewaltsamen Verpflanzung ist überwunden.[62]

Auschwitz ist der finsterste Punkt der Menschheitsgeschichte, und es ist kein Zufall, dass die Beschlagnahmung der Taschen als erster Schritt dessen geschah, was dort weiter passierte. Die Konzentrationslager des Faschismus sind jedoch nicht allein damit, den Loculus von Personen kontrollieren zu wollen. Je totaler die Verfügung ist, die eine Institution über Menschen zu haben versucht, desto wichtiger ist es für sie, über die Loculi derjenigen verfügen zu können, die in diese Institution eintreten oder sich zu ihr in eine Beziehung setzen.

Anhand dessen, wie mit den Loculi der Personen umgegangen wird, kann ermessen werden, wie stark der Zugriff auf die Person ist, den eine Institution sich anmaßt. Manche Institutionen fordern die absolute Verfügung über ihn, andere Institutionen dagegen kümmern sich um den Loculus der Menschen und stellen ihn sicher: Museen und Bibliotheken lassen zwar nicht zu, dass Taschen in ihre Räume mitgenommen werden, aber sie halten Schließfächer und Garderoben bereit, um sie sicher aufzubewahren. Alle gesellschaftlichen Institutionen leben von der Vereinheitlichung der Menschen, darin ähneln sich Konzentrationslager und Bibliotheken auch in allergrößter Ferne und in ihrer Gegensätzlichkeit. Um eine Gemeinschaft herzustellen, ist es nötig, für eine Synchronisierung ihrer Mitglieder zu sorgen, die sich auch in der Verfügung über die Dinge niederschlägt, die die Menschen als ihr Eigentum bezeichnen.

Ein Beispiel für den extremen Zugriff auf einen Loculus und für die Hartnäckigkeit, mit der um seine Erhaltung gekämpft wurde, wird von John Berger in *Der siebte Mann* beschrieben. In diesem Buch berichtet Berger von den Arbeitsmigranten, die in den Fünfzigerjahren aus den europäischen Randnationen in die reichen Kernländer geholt wurden. Bergers Darstellung der Behandlung derjenigen, die als »Gastarbeiter« bezeichnet wurden, die aber schlicht die billigsten verfügbaren Arbeitskräfte des Kontinents darstellten, ist ebenso anrührend wie erschreckend. Die verarmten türkischen Arbeiter wurden noch in Istanbul einer ärztlichen Untersuchung unterzogen, bei der ihre Gesundheit und ihre Tauglichkeit zur Arbeit auf den deutschen Großbaustellen festgestellt werden sollte. Dazu mussten sie sich ausziehen, und zur einfacheren bürokratischen Verwaltung wurde jedem dieser Männer mit Filzstift eine Zahl auf die Brust geschrieben. Dass auch in den Fünfzigerjahren deutsche Amtsärzte Nummern auf menschliche Haut schrieben, um diese Menschen effektiver den staatlich organisierten Arbeitslagern zuteilen zu können, sagt viel über das Bewusstsein der frühen Bundesrepublik aus, in der Arbeitslager sowie die Reduzierung von Menschen auf ihre nummerierbare Arbeitskraft als nicht weiter problematisch gesehen wurden. Diejenigen Migranten, die nach dieser Prozedur eingeladen wurden, für's Wirtschaftswunderdeutschland zu arbeiten, setzte man auf den Großbaustellen für die niedrigsten und gefährlichsten Arbeiten ein. Ihre Unterkünfte wurden – genau wie für die Ankommenden heute – im billigsten verfügbaren Wohnraum eingerichtet, und sie waren weitgehend menschenunwürdig eng. Diese Enge wurde auch von den Aufsehern wahrgenommen, aber anstatt für ausreichend Platz für alle Bewohner zu sorgen, versuchten die Vermieter und ihre Beauftragten, das Problem durch neue Ordnungsregeln zu lösen:

In manchen Unterkünften versuchten die Verwalter, den Emigranten zu verbieten, ihre Koffer in den Schlafräumen zu behalten, mit der Begründung, dies mache den Raum unordentlich. Die Arbeiter leisteten dagegen heftigen Widerstand, manchmal sogar bis zum Streik. In diesen Koffern bewahren sie einen persönlichen Besitz auf, nicht die Kleidung, die sie in die Spinde hängen, nicht die Fotografien, die sie an die Wand heften, sondern Gegenstände, die aus dem einen oder anderen Grund ihre Talismane sind. Jeder Koffer, abgeschlossen oder zugeschnürt, ist wie das Gedächtnis eines Mannes.[63]

Es war eine bürokratisch inspirierte Ästhetik von Ordnung und Reinlichkeit, mit der begründet werden sollte, weshalb die Koffer in den Schlafsälen nichts zu suchen hätten. Hinter diesem Ordnungssinn der Verwalter verbirgt sich aber eine andere Motivation, die darin besteht, alle Räume kontrollieren zu wollen, die eine Person für sich in Anspruch nimmt. Die Koffer sind Individualräume innerhalb der kontrollierten und verwalteten Schlafsäle, und mit ihrer Entfernung wäre eine weitere Einschränkung des Personenstatus der Arbeiter erreicht worden.

Noch einen Schritt weiter gehen die gesellschaftlichen Einrichtungen, die von Erving Goffman als »totale Institutionen«[64] bezeichnet wurden. Die markante Szene, in der Gefangene bei ihrer Einlieferung im Gefängnis oder in einer psychiatrischen Anstalt ihre Taschen leeren müssen, zeigt dies ausgesprochen deutlich: Was dort abgegeben wird, steht immer auch stellvertretend für die Person als solche und für ihr Leben in Freiheit und Selbstbestimmung, das mit der Leerung der Taschen nicht nur symbolisch, sondern ganz material beendet wird. Entsprechend leitet die Rückgabe der privaten Gegenstände bei der Entlassung eine Wiederanknüpfung an das frühere Leben ein. Als Jake Blues, der ältere der Blues Brothers, in der ersten Szene des gleichnamigen Films aus dem Gefängnis entlassen wird, händigt man ihm seinen einbehaltenen Besitz wieder aus:

> Prison Guard: »One Timex digital watch, broken. One unused prophylactic. One soiled. One black suit jacket. One pair of black suit pants. One hat, black. One pair of sunglasses. Twenty three dollars and seven cents. Sign here.«

Der markanteste Gegenstand ist das benutzte Kondom, das Jake Blues dem Gefängnis zur Aufbewahrung gegeben hat. Damit zeigt er sich nicht nur als schelmischer und auf listige Weise renitenter Gefangener, sondern seine ganze Vorgeschichte ist in diesen Dingen angelegt: Hier wird ein armer, aber gut gekleideter, sexuell aktiver Mann mit einer deutlichen Verachtung für das staatliche

Repressionssystem und einer kaputten Uhr, die billig, aber für ihre Robustheit bekannt ist, aus dem Gefängnis entlassen. In Musikkomödien kann zu einem Lacher werden, was für die Gefangenen des US-Gefängnissystems nichts als bittere Erfahrung ist. Zur Erfahrung eines Gefängnisaufenthalts gehört die vollständige Enteignung: »In der modernen westlichen Kultur gehört der materielle Besitz so grundlegend zum Selbstverständnis des Einzelnen, dass sein Entzug einem Angriff auf die tiefsten Schichten der Persönlichkeit gleichkommt«,[65] schreibt Gresham Sykes in seinem bedrückenden Buch über die Institution des Gefängnisses, auf die auch liberale Staaten nicht verzichten wollen: Einen Menschen komplett zu enteignen ist ein ritueller Vorgang, der ebenso als extrem entmenschlichende Machtgeste wie als verwaltungstechnisch notwendiger Vorgang des Strafvollzugs oder der Krankenbehandlung beschrieben werden kann.[66]

Solche Schwellen totaler Institutionen sind auch die Gepäckkontrollen an Flughäfen, an denen die Menschen in langen Reihen stehen müssen, um ihre Taschen und Rollkoffer ebenso wie sich selbst durchleuchten und durchsuchen zu lassen. Zu den verschärften Regelungen, die nach dem 11. September in den USA eingeführt wurden, gehört auch der Nacktscanner, und der neu geschaffenen Transportation Security Administration ist es erlaubt, Schlösser an allen Koffern und Taschen aufzuschneiden, die sie durchsuchen wollen, und mehr oder weniger wahllos Dinge aus ihnen zu beschlagnahmen. Die Grenzbeamten dürfen auch die Herausgabe von Passwörtern und Verschlüsselungscodes von Smartphones und Laptops erzwingen, um einen Einblick in die elektronischen Loculi zu erhalten. Es zeichnet sich ab, dass ein Markenzeichen des totalitär werdenden Kapitalismus des 21. Jahrhunderts darin bestehen wird, dass die materiellen wie die elektronisch gespeicherten Individualräume sichtbar gemacht werden.

Wenn man die Überlegungen zum Loculus auf diese Weise auf eine ebenso politische wie subjekttheoretische Ebene hebt, fällt auf, wie wichtig der Zugriff auf den Loculus für herrschaftliche Institutionen ist, denn damit haben sie nicht nur einen Zugriff auf das Eigentum der Person, sondern auf die Person selbst. Das Spektrum dieser Mächte, die in den Loculus blicken oder ihn an sich nehmen wollen, reicht von einem freiwilligen und kurzzeitigen Verbot des Mitführens und der Durchsuchung von Taschen über Doras Vater, der ihren Schreibtisch durchsucht, bis hin zu den Hochsicherheitsgefängnissen, in denen kein Eigentum mehr besteht, und in denen sogar der »room of one's own« in eine »Zelle im Gefängnis« verwandelt wurde.

Versucht man, den Umgang mit den transportablen, persönlichen Behältnissen für Habseligkeiten zu beschreiben, liegt es nahe, sich auf Beispiele wie Konzentrationslager, Hochsicherheitsgefängnisse und Arbeitslager zu konzentrieren: In ihnen ist die Enteignung der Menschen so eindeutig und der Wille der Institutionen zur Kontrolle und Entfremdung so klar sichtbar, dass das Argument eine gewisse Selbstevidenz anzunehmen scheint; aber in einer solchen Konzentration auf Extrembeispiele liegt immer auch die Gefahr, die kleineren und harmloseren oder sogar wohlwollenden Formen derselben Mächte im alltäglichen Bereich aus dem Blick zu verlieren. In den alltäglichen Räumen der Städte und Straßen, wo die hierarchischen Herrschaftsinstitutionen hinter die vielfältigen Mikromächte zurücktreten, ist der abweisende und herrschaftliche Charakter der Verwaltung und Regulierung der Individualräume weniger deutlich, und er ist auch weniger bedrohlich zu spüren. Aber dennoch sind viele unserer sich täglich gewohnheitsmäßig wiederholenden Verrichtungen von Ordnungen und Ritualen begleitet, die den Transport und die Verwaltung und Verwahrung unserer Loculi betreffen. Besonders sichtbar werden diese Handlungsweisen daran, wie an Schwellen und in Transiträumen mit dem transportablen Eigentum umgegangen wird.

Wer das Haus oder die Wohnung verlässt, nimmt eine Tasche mit, hängt sich den Rucksack um, nimmt den Koffer in die Hand oder den Korb in die Armbeuge: Das Übertreten der Haustürschwelle bedeutet ganz gewohnheitsmäßig, dass man einen transportablen Loculus am Körper mit sich nimmt, der je nach Dauer der Abwesenheit größer oder kleiner ausfällt und aus einem oder mehreren Behältern besteht. Nach dem Verlassen des Hauses werden Transiträume wie Straßen, Rolltreppen und Bahnstationen durchschritten und Busse, U-Bahnen, Taxis, Schiffe oder Flugzeuge benutzt, bevor die Schwelle eines anderen Gebäudes übertreten wird, was normalerweise bedeutet, dass der Loculus abgelegt werden kann, soll oder sogar muss. Eine gründliche Beschreibung solcher Schwellen-, Transit- und Transporträume liegt noch nicht vor. Die Raumtheorien, die im *spatial turn* der Kulturwissenschaften entwickelt wurden, beschränken sich weitgehend darauf, den Raum in zwei einander entgegengesetzte Kategorien aufzuteilen, die immer in einem Normalraum und einem zu ihm gegensätzlich stehenden Ausnahmeraum bestehen. Das beste und meistzitierte Beispiel für eine solche Dualisierung des Raumes sind Michel Foucaults in einem Radiovortrag entwickelte »Heterotopien«. Diese »anderen Räume« sollen das Gegenbild dessen darstellen, was als ein Hintergrundrauschen der normalräumlichen Erfahrung beschrieben werden kann: In den Heterotopien ist das Leben auf diffuse Weise einer anderen Lebenswirklichkeit unterworfen, und es findet dort meistens ein intensiveres, auf irgendeine Weise erhöhtes Erleben statt. Foucaults Konzept hat trotz seiner eher geringen Erklärungskraft eine enorme Rezeption erfahren; auch er selbst hat nie wirklich damit gearbeitet, obwohl sein Vortrag die Grundlegung einer Heterotopologie vorschlug, einer Wissenschaft dieser anderen Räume. Eines der Probleme der Anwendung des Konzeptes besteht darin, dass der heterotopische Ausnahmeraum fast überall gefunden werden kann: Heterotopien beginnen zu wuchern, sobald man nach ihnen sucht, ihr Analysepotenzial wird dabei allerdings immer geringer. Die Möglichkeit der Heterotopie ist so universal, dass Foucault in dem nur zwölf locker bedruckte Seiten langen Text über dreißig ausgesprochen disparate Beispiele für Heterotopien aufzählen kann.[67]

Der zweite problematische Punkt in der Rezeption von Foucaults Heterotopie entspringt der Urszene, die den Assoziationsbereich der Heterotopien dominiert. Es handelt sich um das von Foucault imaginierte Bild, wie Kinder die Abwesenheit der Eltern ausnutzen, um ins Schlafzimmer zu schleichen und dort auf dem leeren Ehebett herumzuhüpfen. Von dieser Szene ausgehend wurde die Heterotopie tendenziell als eine Art Fest oder Karneval verstanden, als ein Zeitabschnitt also, in dem patriarchale, räumliche und sexuelle Regeln außer Kraft gesetzt sind. Der Regelbruch wird zur Regel und für einen kurzen Moment herrscht eine größere Freiheit. Die meisten der von Foucault aufgezählten Beispiele lassen jedoch nichts von dieser Regellosigkeit erkennen, sondern sind zum Teil sogar Goffmans »totalen Institutionen« zuzurechnen: Die Schiffe, Kasernen, Sanatorien, Bibliotheken, Museen, Feriendörfer und psychiatrischen Einrichtungen, die Foucault als zentrale Beispiele heranzieht, sind keineswegs regellose Orte, sondern sie sind sogar noch zusätzlich zu den Gesetzen der sie umgebenden Räume mit weiteren und teils extremen Sonderregeln durchzogen.

Um die Ordnung der vielfältigen von uns genutzten Räume zu charakterisieren, ist die Heterotopologie also nicht sonderlich hilfreich. Hilfreich ist jedoch die Schilderung der in der Entwurfsskizze ebenfalls beschriebenen Schwellen und Rituale, mittels derer Heterotopien betreten werden. In diesen Bereichen, die einen Raum vom anderen trennen, geschieht etwas Wesentliches, das mehr ist als nur ein Durch-eine-Tür-Treten: Mit dem Wechsel der Regeln, die auf den beiden Seiten der Schwelle herrschen, wird gewissermaßen der Körper gewechselt, er wird vom einen Regime in ein anderes überführt. Foucault spricht von einem »System der Öffnung und Abschließung« und von der Notwendigkeit, »Eingangs- und Reinigungsrituale [zu] absolvieren«,[68] wenn man einen solchen Raumwechsel ausführt. Deshalb ist es naheliegend und fruchtbar zu beobachten, was beim Eintritt in eine Heterotopie mit den intimen Gegenständen und dem körpernahen Eigentum geschieht, die wir so unablässig mit uns tragen, als seien es körperexterne Organe. An Foucaults zentralstem und überzeugendstem Beispiel für Heterotopien der westlichen Kultur ist dieser freiwillige und vorläufige Selbstenteignungsprozess am besten zu beobachten. Dieses Beispiel sind die »Sammelheterotopien« unserer Zivilisation: Museen, Archive und Bibliotheken, in denen ein strenges Reglement der Nichtüberschneidung des heterotopen »Sammelraumes« und der Taschen der Besucher herrscht.

Museen und Bibliotheken stellen in ihrem Willen, ein universales und gut sortiertes Abbild der Welt als Ganzer vorzunehmen und jeder Person zu präsentieren, eine der wenigen tatsächlich verwirklichten Utopien dar: Alle Reichtümer und Schönheiten und das Wissen der Welt sind an einem Ort versammelt, an dem alle gleichberechtigt daran teilhaben dürfen.[69] Hier werden die wertvollsten Gegenstände und das höchste Wissen der Zivilisation verwahrt, sie sind für jeden zugänglich aufgespeichert, und an diesen Orten verhalten sich alle nach den höchsten Standards zivilisatorischer Disziplin: Alle Besucher von Bibliotheken und Museen sind still, rücksichtsvoll, gewissenhaft und lernbegierig. Sie wissen, dass sie sich im Gemeinbesitz der Geschichte befinden und an einem Ort sind, der eine Sonderstellung in Zeit und Raum hat. Bibliotheken haben den demokratischen Anspruch, allen Zugang zu Wissen und Kunst zu verschaffen. Bibliotheken und Museen sind auf eine säkularisierte Weise heilig, und sie sind von einem Regelsystem durchzogen, das außerhalb von ihnen keine Geltung hat.

> Im 17. und 18. Jahrhundert waren Museen und Bibliotheken ganz eigentümliche Einrichtungen, weil sie Ausdruck des jeweiligen Geschmacks waren. Die Idee, alles zu sammeln und damit gleichsam die Zeit anzuhalten oder sie vielmehr bis ins Unendliche in einem besonderen Raum zu deponieren; die Idee, das allgemeine Archiv einer Kultur zu schaffen; der Wunsch, alle Zeiten, alle Epochen, alle Formen und Geschmacksrichtungen an einem Ort einzuschließen; die Idee, einen Raum aller Zeiten zu schaffen, als könnte dieser Raum selbst endgültig außerhalb der Zeit stehen, diese Idee ist ein ganz und gar moderner Gedanke. Museum und Bibliothek sind eigentümliche Heterotopien unserer Kultur.[70]

Ethnologen unserer Kultur könnten am Eingang von Archiven, Bibliotheken und Museen, aber auch in Konzerthäusern und Theatern das seltsame Ritual eines Raumtauschs oder einer wenigstens kurzfristigen Raumüberlassung beobachten, das vor den Schließfachwänden, an den Kontrollbereichen und an den Garderobenschränken stattfindet: Um den heterotopisch abgesicherten, utopisch geteilten Raum betreten zu dürfen, in dem alles gesammelt und deponiert ist, müssen die Individualräume der Mäntel, Taschen und Rucksäcke in Schließfächern deponiert oder unter Bewachung gestellt werden. Ein unserer Kultur gänzlich fremder Anthropologe, der uns von einem anderen Stern oder einer wirklich fremden Kultur mit einer ähnlichen Neugier besuchen würde, wie wir sie seit einigen hundert Jahren auf andere Kulturen richten, könnte darin ein Regelsystem erkennen, das darauf ausgerichtet ist, dass sich das Eigentum der Individuen nicht mit demjenigen der hochkulturellen Heterotopie mischt, dass sich der Raum der Taschen und Beutel nicht ungeprüft mit demjenigen der Museen und Bibliotheken überschneidet. Es wirkt, als gäbe es für bestimmte Bereiche eine Art Ausschließlichkeit des Individualraumes und des geteilten Raumes: Wo die Heterotopie betreten wird, ist die Tasche abzulegen, zu deponieren oder zurückzulassen. Foucault stellt diese Tatsache, dass ein wesentlicher Teil des

Ich immer außerhalb der Utopie verbleibt, mit dem folgenden Satz fest: »Die Heterotopie ist ein offener Ort, der uns jedoch immer nur draußen lässt.«[71] Die museal-bibliothekarische Heterotopie ist jedenfalls der Ort, der den Loculus als wesentlichen Teil des Ich immer draußen lässt.

Die Schranken vor den Museen und Konzerten dienen also dazu, dass sich die individuellen Körperutopien und die große Gemeinschaftsutopie nicht ungeprüft vermischen: Loculus und Museum dürfen denselben Ort nur nach ganz bestimmten Regeln teilen. Neben den Schließfächern und Garderoben als abschließbaren oder bewachten Loculi geben Bibliotheken teilweise durchsichtige Plastiktüten aus, die die Durchschaubarkeit nicht nur der Taschen, sondern auch der Intention ihrer Träger sicherstellen sollen. Dieser Ritualkomplex der Raumverhandlung erscheint uns wie eine selbstverständliche und pragmatische Regelung, er ist, wie Bourdieu sagen würde, Teil der »Spielregeln«, durch die der Raum konstituiert ist und die die Menschen, die sich in ihm befinden, ebenfalls bestimmen.

Tatsächlich handelt es sich beim Ablegen des individuellen Raumes im Zuge der zeremoniellen Überschreitung der Schwelle in die »Zivilisationstempel« um eine in sich selbst völlig stringente, pragmatische und zum Schutz der ausgestellten Dinge und der Aufführungen nötige Praxis. In der Beschreibung eines Ethnologen ist unsere Raumordnung ebenso »exotisch« wie für uns andere Kulturen und deren Raum- und Eigentumsregelungen fremd wirken. In der westlichen Ordnung wird damit eine unerwartete Vielfältigkeit an Eigentumsformen sichtbar, die in unserer Kultur unter der Oberfläche des Privateigentums existieren und sich hier in räumlicher Form zeigen. Diese Raumpolitik gilt nicht nur für Museen und Bibliotheken, sondern kann in verwandter, kommerzialisierter Form auch in Supermärkten beobachtet werden, wo gefordert ist, sich vor dem Eintreten mit einem Korb oder einem Wagen auszustatten, um die im Laden angebotenen Dinge darin zu sammeln. Erst an der Kasse ist es erlaubt, sie in die eigene Tasche zu stecken: Wenn man die Gegenstände bereits im Laden in seiner eigenen Tasche statt im Korb sammelt, gilt dies juristisch schon als Ladendiebstahl, denn damit überführt man sie, juristisch gesprochen, in seine eigene »Gewahrsamsenklave«. Damit ist der Diebstahl – streng juristisch beschrieben – bereits »vollendet«, auch wenn er noch nicht »beendigt« wurde, was erst passiert, wenn man mit der Beute den Laden verlässt. Ein Diebstahl geschieht also, wenn der eine Gewahrsam gebrochen und ein neuer Gewahrsam hergestellt wird. Die Gewahrsamsenklave ist das bürokratische Synonym für den Loculus, er stellt just jene geschützte Enklave, jenen ganz persönlichen Gewahrsamsraum dar.

Bei der ethnologischen Erklärung solcher Regeln und Verhaltensimperative der »Enklaven«-Trennung in anderen Kulturen würde im Wissenschaftsdiskurs sicherlich zu religiösen oder mindestens rituellen Termini gegriffen werden. Die Begriffe »sakral«, »liminal« und »rituell« dürften dabei nicht fehlen, und spräche man bei einem ähnlichen Vorgang in der melanesischen Kultur oder bei den Kwakiutl von »Tabus«, würde sich niemand wundern. Unsere Selbsterklärung, weshalb im Eingangsbereich eines Museums die Taschen und Rucksäcke abzugeben und weshalb im Supermarkt Körbe zu benutzen sind, klingt für uns selbst gänzlich pragmatisch: Es geht um Eigentümerschaft und um eine geregelte Übertragung der Gegenstände von der einen Eigentumssphäre in die andere, oder, im Fall des Museums, um die Sicherstellung, dass ein solcher Enklavenwechsel gar nicht erst geschieht.[72] Wie bei vielen kulturellen Phänomenen kommt aber auch diesem bei näherer Betrachtung eine Seltsamkeit und Bedeutungstiefe zu, die durch eine reine Alltagspragmatik nicht mehr vollständig zu beschreiben ist. Bei anderen, räumlich oder historisch entfernteren Kulturen sind wir daran gewöhnt, ihnen mit einer Intensität, Erwartung und Thesenbereitschaft zu begegnen, denen sofort die existenziellen oder »tiefen« Bedeutungen auffallen. In der eigenen Kultur wirken diese seltsamen Bedeutungsebenen des Alltäglichen fremd, und wenn sie auffallen, sind sie nicht selten sogar ein wenig unbehaglich. Dieses Unbehagen und die Undurchsichtigkeit des Alltags konnte dadurch aber zum grundlegenden Thema der frühen kulturwissenschaftlichen Theorie werden: Walter Benjamin staunte über den Krimskrams in den Pariser Passagen, Georg Simmel schrieb ausschweifende Texte über Henkel und die Form von Essgeschirr, und Freuds Psychoanalyse lieferte Erklärungen für Witze, Versprecher, Kinderspiele und andere Phänomene, die davor nicht wissenschaftswürdig waren. Marcel Mauss' bewundernswerte Überlegungen zur Komplexität des Geschenkemachens sind Beispiele für die zu Beginn des 20. Jahrhunderts entdeckten Tiefendimensionen des Alltags, die in der zweiten kulturwissenschaftlichen Welle mit Roland Barthes' Alltagsmythen, Bourdieus feinen Distinktionsstrategien und Georges Perecs insistenter Frage danach fortgesetzt werden konnte, warum es keine Zigaretten beim Gemüsehändler gibt.[73] Auch unsere Taschen, Schubladen und Schuhschachteln haben einen Anteil an dieser Rätselhaftigkeit des Alltäglichen und ziehen uns mit hinein in ihre Seltsamkeit.

Die Verschachtelung des Ich

Die Schatulle, worin das Absolute ruht.[74]
Jean Rousset

»Omnia mea mecum porto«, soll Bias von Priene gesagt haben: »Alles, was mir gehört, trage ich bei mir.« Für diese Selbstgenügsamkeit wurde er in den Kanon der Sieben Weisen von Griechenland aufgenommen. Diesen Satz soll der sonst eher unbekannte Philosoph geäußert haben, als er erleben musste, wie seine Heimatstadt erobert und niedergebrannt wurde, und er dabei zusah, wie seine Mitbürger versuchten, ihre Habseligkeiten aus der brennenden Stadt zu retten. Ihm genügten seine Gedanken, sein Wissen und seine Weisheit, die anderen versuchten, materielle Besitztümer zu bergen. Im Angesicht von Menschen, die gerade ihre Heimat verlieren, auf das philosophische Ideal der Unveräußerlichkeit von Intellekt und Tugend zu pochen, ist allerdings weder weise, noch ist es besonders nett. Wie viele antike Weisheiten wird aber auch das *omnia mea mecum porto* mehreren Philosophen in den Mund gelegt. Neben Bias von Priene soll auch Diogenes von

Sinope gesagt haben, dass er alles, was ihm gehöre, bei sich trage. Aus dem Mund dieses Kynikers und Erfinders des Begriffs des Kosmopolitismus klingt dieser Satz glaubwürdiger. Diogenes' am ehesten als frühe Form des Punk zu beschreibender Kynismus war eine der radikalsten Armutsforderungen ihrer Zeit. Er soll sogar seine Trinkschale weggeworfen haben, als er sah, dass man auch aus der hohlen Hand trinken kann. Andererseits soll Diogenes aber auch der Erste gewesen sein, der seinen Mantel doppelt legte, um es unter ihm wärmer zu haben. Dazu muss sein Mantel in stattlichem Format geschneidert gewesen sein. Als Diogenes einmal sein berühmtes tönernes Fass kaputtging oder es zerstört wurde, ließ er zu, dass es ihm von den Bürgern von Korinth durch ein neues ersetzt wurde. Im Winter drehte Diogenes den Eingang dieser kleinen Wohnung ins wärmende Sonnenlicht und im Sommer von der sengenden Sonne weg. Damit besaß er vielleicht keine Klimaanlage, aber zumindest konnte er auf diesem Wege die Behaglichkeit seiner Behausung ein wenig steuern. Zusätzlich zum doppelten Mantel und diesem wärmeregulierbaren Fass besaß Diogenes einen Stab, um die Straßenhunde abzuwehren, und eine Umhängetasche. Der Inhalt der Tasche kann nicht aus sehr viel bestanden haben, aber dass sie leer war, ist auch nicht anzunehmen. Die reine Tatsache, dass er selbst in seiner radikalen Askese nicht auf seine Tasche verzichten wollte, selbst wenn er nicht viel besaß, was er damit umhertragen konnte, ist bemerkenswert. Ein dicker Mantel, ein heiz- und kühlbares Zimmer, ein Stock und eine Tasche: Das *omnia mea* des Diogenes war jedenfalls kein Komplettverzicht und keine Reduktion auf geistige Güter, sondern schlicht auf Trag- und Austauschbarkeit konzentriert und kannte sogar ein bescheidenes, aber merkliches Maß an Komfort. Die kynische Armut entsprach damit nicht der absoluten und etwas arroganten Armut Bias' von Priene, sondern bestand in der Beibehaltung des Nötigsten, das für ein vielleicht gar nicht einmal so unbequemes, in jedem Falle ins korinthische Stadtgefüge wohleingeordnetes Leben reichte. Diogenes besaß bei aller philosophisch-asketischen Radikalität ein Gespür für das, was eine dicke Jacke, eine Tasche und eine Behausung für den Menschen bedeuten. Er erkannte die Wichtigkeit der Tasche für die Person, auch wenn sie vielleicht leer war, während Bias glaubte, dass er rein auf seinen Geist oder sein Denken zurückgeworfen werden könne, ohne etwas Wesentliches zu verlieren.

Die moderne Subjekttheorie stellt sich in dieser Sache eher auf die Seite von Diogenes. Sie geht mit Hegel, Freud und Lacan davon aus, dass es keine innerliche, abgeschlossene Subjektivität gibt, keinen endgültig zu bestimmenden Kern der Person als solcher. Es gibt keine Essenz eines

Ich, die angeblich in einem individuellen Wesen des Menschen verschlossen liegt und dort auf ihre philosophische oder psychologische Entschlüsselung wartet. Geht man mit dieser schon Jahrhunderte andauernden Dekonstruktion davon aus, dass auch der Körper des Menschen nicht als eine solche letzte Grenze seiner Existenz zu betrachten ist, sondern dass zum Menschen ebenso die Menschen und Dinge gehören, die ihn umgeben, wird es möglich, einen Blick auf diese charakterkonstitutiven Gegenstände außerhalb der Person zu werfen. Es gibt Dinge, die zum Menschen gehören und in denen eine Selbstaufbewahrung jenseits des Körpers geschieht.

Erving Goffmans »totale Institutionen« waren oben bereits hilfreich, um zu beschreiben, was mit Menschen geschieht, denen aus straflogischen, politischen oder therapeutischen Gründen ihre Individualräume weggenommen werden. In einem anderen Text, in dem Goffman eine Mikrosoziologie des Alltagslebens betreibt, ordnet er das, was hier als Loculus beschrieben ist, einer Sphäre zu, die er, etwas verklausuliert, als »informationelles Reservat« der Person bezeichnet und die an die Gewahrsamsenklave erinnert, die oben besprochen wurde. Damit sind in Goffmans bewundernswert fein beobachtender Kleinstsoziologie diejenigen Bereiche gemeint, die für das Wissen einer einzelnen Person reserviert werden:

der Inhalt der Hosentaschen, die Ideen und Gedanken der Person und ihr Wissen über ihr eigenes Leben gehören dort zur selben Kategorie.

> Da ist zum einen der Inhalt dessen, was der Anspruchерhebende will und denkt, dessen Kontrolle gefährdet ist, wenn Fragen gestellt werden, die er als zudringlich, neugierig oder taktlos ansieht. Ferner ist da der Inhalt von Taschen, Portemonnaies, Behältern, Briefen und so weiter, von dem der Anspruchерhebende glaubt, daß andere kein Recht darauf haben, ihn kennenzulernen. Weiterhin gibt es das Individuum betreffende biographische Tatsachen, auf deren Kontrolle es Anspruch erhebt.[75]

Goffmans Liste ist eine Zusammenordnung, die scheinbar unterschiedliche Dinge zusammenfasst, die aber alle in den Bereich dessen fallen, was der Loculus ist: Bill Bones' Muscheln liegen ebenfalls genau auf der Schnittstelle zwischen seinen Fantasien, Wünschen und Gedanken, seiner biografischen Erinnerung und dem Inhalt seines »Containers«. Der für Goffman alle diese Aspekte verbindende Aspekt ist die Heimlichkeit, der noch einige weitergehende Überlegungen gewidmet werden können. Der Anspruch des Eigentümers, dass das, was er in seinem Kopf und was er in seiner Tasche hat, auf privateste Weise ihm gehört, wurde bisher als hervorstechende Eigenschaft des Loculus genannt; wahrscheinlich ist die Heimlichkeit aber das grundlegende Element, das den Loculus auszeichnet: In Eichs Gedicht steckt das Geheimgehaltene im Brotbeutel, bei den Hutterern bietet die Kischte die Lizenz zur Heimlichkeit, und die Bedeutung der exotischen Muscheln, die Bill Bones unter seinen Pistolen aufbewahrte, ist mit ihm gestorben. Es handelt sich bei ihnen um ein »informationelles Reservat« im Sinne Goffmans, einen Geheimbesitz, der auch geheim bleiben sollte. Die reine Tatsache der Geheimhaltung reicht aber nicht, um das Charakteristische des Loculus zu bestimmen, denn mit seiner Öffnung wäre mehr geschehen als nur eine »Veröffentlichung« dessen, was vorher in der Kiste verschlossen war. Hätte Bill Bones die Muscheln vorgezeigt und sich dabei einer ganz unseeräuberhaften Sentimentalität schuldig gemacht, hätte er seinen Status komplett verloren. Würde die Hutterin den Lippenstift öffentlich tragen oder der junge Hutterer seinen *Playboy* öffentlich herumzeigen, zöge das Konsequenzen nach sich, die den Status der Person selbst betreffen würden. Die wichtigsten, wertvollsten Gegenstände im Loculus sind diejenigen, die keine Öffentlichkeit haben können, da die Aufdeckung ihres Geheimnisses die jeweilige Person manifest bedrohen würde.

Das Geheimnis will also nicht nur nicht verraten werden, auf eine Weise *kann* es gar nicht verraten werden: Bill Bones war ein furchteinflößender, fast durchgehend betrunkener Pirat mit einer Narbe quer über's Gesicht, der schlecht roch und zu jedem Zeitpunkt seinen Säbel bei sich trug. In dieser Rolle des ständig gewaltbereiten Seeräubers hätte er, ohne den kompletten Verlust seines Habitus, seiner ganzen Art, in der Welt zu sein, kaum Worte finden können, um dem Ausdruck zu verleihen, was diese Muscheln für ihn waren und aus welchem tief empfundenen Grund er sie besaß. In der untersten Schicht, im innersten Kreis des Loculus, befinden sich Dinge, deren wahre Bedeutung sich tendenziell einer sprachlichen Beschreibbarkeit entzieht. Diese Dinge sind geheim, und das nicht nur, weil man nicht über sie sprechen will, sondern weil ihre Bedeutung nicht in einer geteilten Sprache ausgedrückt werden kann: Ihre Bedeutung liegt in der Empfindung, die sie in ihrem Eigentümer hervorrufen und die anderen kaum verständlich gemacht werden kann. Diese Bedeutung des Loculus als einem kaum in Sprache übersetzbaren Geheimnis klingt auf den ersten Blick wie ein *arcanum* im esoterischen Sinn, ist aber keineswegs als ein solches mystisches Dunkel zu verstehen, sondern kann anhand einer der rationalsten und nüchternsten Philosophien beschrieben werden, die im letzten Jahrhundert entwickelt wurden.

Der spätere Wittgenstein, dem die idealisierenden und vielleicht sogar mystischen Tendenzen seines *Tractatus logico-philosophicus* selbst nicht mehr ganz geheuer waren, war um nichts mehr bemüht als zu verstehen, wie die Sprache zu ihrer Verständlichkeit kommt. Besonders intensiv ist dies in den Passagen der *Philosophischen Untersuchungen* zu bemerken, in denen Wittgensteins Denken narrative und metaphorische Züge annimmt und er von Städten, Blumen, Werkzeugkästen oder magischen Schwertern zu erzählen beginnt, um zu verdeutlichen, was er meint. Rückt man diese metaphernartigen Beispiele in den Mittelpunkt von Wittgensteins Überlegungen, lässt dies sein Denken weniger analytisch und kalt rational erscheinen, als die Analytische Philosophie es oft gerne hätte, und es wird an manchen Stellen fast parabelhaft und erzählerisch. Eines der großen Themen, um das die *Philosophischen Untersuchungen* Wittgensteins kreisen, ist die Frage, wie über Schmerz gesprochen werden kann. Eine Schmerzempfindung ist ein absolut individuell empfundenes Erleben, dessen sprachliche Bezeichnung sich deswegen nicht durch Bezeichnungen lehren lässt: Auf Schmerz kann man nicht zeigen, man kann nicht auf ihn weisen, ihn zeichnen oder herzeigen und das Wort »Schmerz« dazu äußern. Und doch ist es möglich, über Schmerzen zu sprechen, und es wird viel über unterschiedlichste Arten von Schmerzen kommuniziert. Wittgensteins Beispiel, mit dem er das Sprachspiel um Schmerzempfindung und ihre Versprachlichung beschreibt, lautet so:

> Angenommen, es hätte Jeder eine Schachtel, darin wäre etwas, was wir »Käfer« nennen. Niemand kann je in die Schachtel eines Andern schaun; und Jeder sagt, er wisse nur vom Anblick *seines* Käfers, was ein Käfer ist. – Da könnte es ja sein, daß jeder ein anderes Ding in seiner Schachtel hätte.[76]

Der Käfer steht für das, was die Schachtelbesitzer als Schmerz wahrnehmen, die Schachtel steht für ihren Körper. Genauso wie diese Käfer hätte Wittgenstein auch Bill Bones' seltsame Muscheln als Beispiel nehmen können, die jeder Mensch in seiner Kiste hat: Angenommen, jemand hätte eine Kiste und darin befände sich etwas, das wir »Muscheln« nennen. Niemand kann je in die Kiste eines anderen schauen; und jeder sagt, er wisse nur vom Anblick *seiner* Muscheln in seiner eigenen Kiste, was eine Muschel ist. Wittgenstein stellt aber fest: Folgt man diesem Gedankengang, in dem Worte eins zu eins für Gegenstände der Wahrnehmung stehen, werden die Worte zu wichtig und die Gegenstände werden irrelevant und fallen aus dem Beispiel heraus: »Das Ding in der Schachtel gehört überhaupt nicht zum Sprachspiel; […] die Schachtel könnte auch leer sein«, das Ding »kann ›gekürzt werden‹; es hebt sich weg, was immer es ist«.[77] Wenn Worte auf diese Weise als abstrakte Platzhalter für Dinge verwendet würden, wäre die Sprache ein System jenseits des alltäglichen Erlebens der Menschen. Die Konsequenz von Wittgensteins Überlegung besteht also darin, dass Schmerz in einer Sprache, die nach diesem von Wittgenstein abgelehnten »Muster von ›Gegenstand und Bezeichnung‹«[78] funktioniert, seine tatsächliche Existenz verliert und zu einem nur noch abstrakten, metaphysischen Irgendwas wird, das »nicht einmal als ein *Etwas*«[79] gelten kann. Dieses schleichende Einlassen von Metaphysik in die Sprache, das in der gängigen Sprachphilosophie geschieht, ist Wittgenstein zutiefst unangenehm: »*Wir*«, so beteuert er, eine seltene emphatische Kursivierung verwendend, »führen die Wörter von ihrer metaphysischen wieder auf ihre alltägliche Verwendung zurück.«[80] Damit bleibt aber die Frage offen, wie jemand über seinen Käfer sprechen kann und ob es möglich wäre, über Bill Bones' Muscheln zu sprechen. Vielleicht verbindet jede Person mit den Dingen in ihrem Loculus ein absolut individuelles Gefühl und vielleicht sogar das Gefühl der Individualität selbst, und diese Wahrnehmung, in ihrer Intensität mit dem Schmerz verwandt, wäre tatsächlich unkommunizierbar.

In Wittgensteins Sprachtheorie steht jedoch fest: Obwohl niemand den Schmerz eines anderen fühlen oder sehen kann, ist es durchaus möglich, sinnvoll über Schmerz zu sprechen. Durch die Kommunikation darüber, was jemand fühlt, kann eine sprachliche Gemeinschaft derer hergestellt werden, die ›eine Schachtel mit Inhalt mit sich umher tragen‹. Es kann über den Inhalt der Schachteln, über intime Empfindungen und Schmerz gesprochen werden, und die Bedeutung der dabei benutzten Worte ergibt sich aus ihrer Benutzung in der Sprache der Schachtelbesitzer, daraus also, dass diese Worte benutzt werden, und auch, *wie* sie benutzt werden. Wittgensteins Argument hat also neben einer sprachphilosophischen auch eine ethische Konsequenz: Nur wenn Sprache als gemeinsamer, geteilter Wortgebrauch definiert wird, kann sie eine »Gemeinschaft der Schmerzerleidenden« herstellen. Jeder empfindet seinen Schmerz allein, aber Sprache ist allen gemeinsam. Und nur wenn nicht nach der Tatsächlichkeit des Schmerzes bzw. des Käfers gefragt wird, wenn nicht versucht wird, einen Einblick in fremde Schachteln zu erhaschen, funktioniert Sprache überhaupt.

Wittgensteins Gedankengang der *Philosophischen Untersuchungen* zielt darauf, dass Sprechen nur dann Bedeutung hat, wenn es ein geteiltes, nichtindividuelles Worteverwenden darstellt. Der berühmteste und klarste Satz dazu ist: »Die Bedeutung eines Wortes ist sein Gebrauch in der Sprache.«[81] Es gibt nach Wittgenstein also keine »Privatsprache«, die nur von einer einzelnen Person verwendet würde. Mit unserer Überlegung, die die Intensität des Privatbesitzes in diesen Schachteln betont und damit, dass nicht nur vermieden wird, darüber zu sprechen, was sich in der Schachtel befindet, sondern es auch gar nicht unbedingt möglich ist, anderen mitzuteilen, was es überhaupt ist, erhält das Argument, dass es vielleicht keine Privatsprache, aber wohl eine Art zwar sprachloses, aber hoch bedeutsames Privateigentum gibt, ein gewisses Gewicht. Wenn es Gegenstände gibt, über die nicht gesprochen wird, weil ihre Bedeutung so außerordentlich individuell ist, so sind genau sie es, anhand derer doch noch so etwas wie eine Privatsprache entstehen könnte.

Über die Muscheln zu sprechen, hätte Bill Bones' Selbst in der Gemeinschaft der Sprechenden bedroht. Genauso verhält es sich mit dem *Playboy* des Hutterers und wahrscheinlich auch mit dem, was Eichs Geflüchteter in seinem Beutel hat: Dies sind Gegenstände, die ihre Bezeichnung verbieten. Liest man Wittgensteins Schachtel-Metapher also nicht nur als ein Argument dafür, dass eine signifikative Sprachkonzeption, die die individuellen Dinge zu leichtfertig durch Worte ersetzt, vor den Empfindungen der Menschen defizitär bleibt, sondern auch als eine Beschreibung dessen, wie intensiv bestimmte Gegenstände in der Person verankert sind, kommt man zu einem analogen, aber umgekehrten Ergebnis: Es wird fast unmöglich, Worte zu formulieren, um über die Käfer, Muscheln und Lippenstifte in den Taschen und Kisten zu sprechen. Die Dinge selbst erhalten dieselbe seltsame, intensive Komplexität, mit der in Wittgensteins Sprache die Worte belegt sind, die nun durch das Gewicht dieser Dinge »herausgekürzt« werden können, die nur noch ein Etwas sind, das gar kein wirkliches Etwas ist. Diese Dinge sind aus dem geteilten physischen Raum aus- und in einen eigenen Raum eingeschlossen, der etwas wie das »eigentliche Eigentum« eines Menschen darstellt. Nur dadurch, dass diese Dinge individuell etwas bedeuten, wird es möglich, dass Sprache geteilte Bedeutungen ausdrücken kann.

Dadurch treten nicht nur das Privateigentum und die Möglichkeit einer Privatsprache in eine ausgesprochen intensive Verbindung, sondern privates Eigentum wird zu etwas anderem, als es die üblichen Definitionen annehmen. Wo in der ökonomisch-juristischen Grundannahme jeder beliebige Gegenstand, der einem Menschen in irgendeiner Form als Eigentum zugeordnet wird, als sein Privateigentum gilt, kann hier die Folgerung gezogen werden, dass man nur das im strengen Sinn besitzt, was man in seinem Loculus hat. Dieser Loculus, der sich durch die »Privation« im strengen

Sinn auszeichnet, also indem man seinen Inhalt dem Zugriff anderer entzieht, ist dann ein privates Eigentum im eigentlichen Sinn. Dagegen erscheint das Privateigentum in seiner herkömmlichen Definition eher als »subjektives Eigentum« oder als eine Art abstrakter »Eigentümlichkeit«, die unsere Kultur pflegt, die, fast wie der legendäre König Midas, dem alles, was er anfasste, zu Gold wurde, alles, was sie berührt, zu Eigentum werden lässt.

Anstatt der alt gewordenen und in ihrer Durchführung schon zu oft gescheiterten Forderung nach Abschaffung des Privateigentums könnte gefordert werden, anzuerkennen, dass privates Eigentum letztlich immer ausgesprochen beschränkt ist. Lebensweltlich und im täglichen Vollzug kann niemand viel mehr sein Eigen nennen als seinen Loculus: Tasche, Schublade, Schreibtisch, Zimmer, Wohnung. Nur was ich nutze und wirklich brauche, gehört mir. Alles, was darüber hinausgeht, steht mir höchstens als mehr oder weniger peripher Zugehöriges, ephemer im Leben Auftauchendes oder abstrakt der Person Zugeordnetes zur Verfügung, und könnte auch anderen zur Nutzung überlassen sein, die es oftmals nötiger brauchen.

Dass Eigentum letztlich immer beschränkt ist, kann aus den ersten konkreten Überlegungen zum modernen Privateigentum abgeleitet werden, die in der Zeit der französischen Aufklärung entstanden sind:

> Das Recht zu besitzen entstammt dem Recht zu leben. Daher gehört uns das, was für unsere Existenz unabdingbar ist, und nichts Überflüssiges kann unseres sein, solange es anderen am Nötigsten fehlt. Das ist das legitime Fundament allen Eigentums, sowohl im Zustand der Gesellschaft als auch im Naturzustand.[82]

Die Frage, die sich stellt, ist nicht die, wieviel ein Mensch besitzen sollte, es ist die, ob jemand jemals mehr sein Eigentum nennen konnte als seinen Loculus. Alles andere Eigentum ist in einer so abstrakten und distanzförmigen Weise auf die Person bezogen, dass die Relation zu ihm ab einem bestimmten Punkt buchstäblich als metaphysisch bezeichnet werden kann, schlicht weil physisch keinerlei Verbindung mehr gegeben ist: Der Loculus und was er beinhaltet ist dagegen eine physische und fast organische Extension des Körpers. Privateigentum im klassischen Sinn wird spätestens dann absurd, wenn mir etwas gehören soll, das nur theoretisch in Aktien oder Optionsscheinen, in Land- und Immobilienbesitz, Hunderte Kilometer von meiner Person entfernt oder im Anspruch auf Immaterialgüter besteht, die mit meiner Person bis auf die mehr als fragwürdige juristische Konstruktion der privatisierten Eigentumsform nicht mehr das Geringste zu tun haben. Eine vermietete Wohnung, Anteile an einem Waldstück in Oberbayern oder in Tansania, Unternehmensanteile an einer Firma auf einem anderen Kontinent, die dazu noch in einer Briefkastenfirma in nochmals einem anderen Land liegen, all das ist im Vergleich zu dem, was ich in meiner Umhängetasche habe, ein ausgesprochen disponibles und ephemeres Eigentum: Es ist so weit von der besitzenden Person entfernt, dass der Anspruch, den sie darauf erheben kann, kaum mehr als flüchtig ist.

Noch der wohlhabendste Mensch kann sich nur in einem einzigen Zimmer aufhalten, kann nur auf einem Sessel sitzen, kann nur von einem Teller essen und nur in einem Bett schlafen. Die Luxusmarke Hermès wirbt für die Birkin Bag, die um die zehntausend Euro kostet, mit diesem Satz: »In die 40 cm breite Tasche passt der ganze Hausrat«. Das trifft auch auf die zerknitterte und langsam ausbleichende Plastiktüte eines Obdachlosen zu. Der verschlissene Nylonrucksack der Pfandflaschensammlerin ist in seiner Funktion und Bedeutung für die Person, die ihn über der Schulter trägt, der Louis-Vuitton-Reisetasche sehr ähnlich. Der Vorstandsvorsitzende eines multinationalen Konzerns mit seinem Aktenkoffer aus Straußenleder und mit Verschlüssen aus Sterlingsilber ist der Bag Lady mit der blauen IKEA-Tüte und den drei rissigen Plastikbeuteln, neben der er sich in Berlin-Mitte, in Manhattan oder in der City of London nach der Taxifahrt auf dem Bürgersteig wiederfindet, enger verwandt, als ihm recht sein kann. Es sind Taschen, die von einzelnen Menschen getragen werden und die ihr Leben beinhalten. Sie beinhalten ihre persönlichen Dinge und all das, was zum Leben und Überleben nötig ist. Dabei ist es egal, ob diese Taschen aus sämisch gegerbtem Leder oder aus PVC sind. Sie beinhalten das, was die Menschen besitzen, egal, ob diese Dinge auf einen größeren Reichtum hindeuten sollen oder wirklich den gesamten Besitz darstellen.

Der Loculus ist die Utopie des kleinen Ortes, des Ortes, der jedem Menschen zusteht, sei dies ihr eigenes Zimmer, seine Tasche, ihr Computer oder Smartphone, die Wohnung, das Bett und das Bücherregal oder letztlich das Grab. Der Loculus ist eingebettet in größere Räume, auf die kein Mensch jemals endgültigen Anspruch erheben kann. Erhebt er doch Anspruch darauf, entzieht er diese Räume und Dinge der Nutzung anderer, die denselben Anspruch darauf anmelden können. Die Verteilung des gesellschaftlichen Reichtums polarisiert sich in den letzten Jahren auf der ganzen Welt immer stärker. Der Reichtum steigt für wenige ebenso wie die Armut für die vielen. Würde man politische Folgerungen aus der Utopie des Loculus ziehen, könnte man sagen: Es geht nicht darum, dass niemand extremen Reichtum besitzen *darf*, es geht darum, dass niemand sehr viel mehr besitzen *kann* als das, was sich in seinem

Loculus befindet. Jean-Paul Marat hatte recht, als er feststellte, dass man als Mensch nur das besitzen kann, was man braucht, und dass man an allem, was darüber hinausgeht, in einer Welt voller Armut keinerlei legitimen Anspruch hat.

Ohne das, was Menschen zum Leben brauchen und ohne ihren Loculus sind die Menschen ihrer selbst beraubt. Die Kischte, die Umhängetasche der Legionäre, die Koffer der Geflüchteten und die Alditüte sind extreme Beispiele des Loculus, die herangezogen wurden, weil in diesen Extremen die schärfste Sichtbarkeit dieses Phänomens gegeben ist. Aber diese Individualräume des Eigentums finden sich auch in einem Alltag, der nicht ganz so streng reglementiert ist wie der einer gläubigen Hutterin, eines Soldaten Roms oder einer Person, die ihre Heimat verlassen musste, um auf mitteleuropäischen Großbaustellen zu arbeiten: Jede Umhängetasche und jeder Rucksack, den die Leute in den Städten bei sich tragen, die in den U-Bahnen auf dem Schoß oder in der Universität neben dem Stuhl liegen, sind diese Loculi. Sieht man sich auf den Straßen der Städte um, drängt sich folgende naheliegendste Doppeldefinition des Menschen auf: zuerst diejenige als sprechendes Wesen, wie es im Anschluss an Wittgenstein naheliegt. Dann aber auch diejenige als *homo portans*, als tragendes und eine Tasche tragendes Wesen. Menschen sprechen, und sie tragen Dinge, und sie sprechen nicht sehr gern über die Dinge, die sie tragen. Jede dieser Personen hat ihre Tasche als ein Behältnis aus einem anderen Behältnis – ihrer Wohnung oder ihrem Zimmer – mitgenommen, und sie hat vorher hineingetan, was sie braucht, bis sie in ihr größeres Behältnis zurückkehrt. Und dies wird sie jeden Tag wieder tun, bis sie irgendwann in ihrem letzten Loculus begraben wird.

Dank

Man tendiert dazu, den Innenraum des eigenen Kopfes als privatesten aller Räume zu verstehen. Tatsächlich gleicht er aber oftmals eher einer halböffentlichen Grabbelkiste, in die von allen Seiten Gedanken, Ideen, Beobachtungen und Begriffe hineingetan oder aus ihr herausgenommen werden, aber nie, ohne an ihnen zu drehen und sie zu biegen. Bücher entstehen, indem sich durch Gespräche, Diskussionen, Widersprüche, Vorschläge, Einwände und Hilfestellungen langsam etwas ansammelt, das irgendwann von jemandem gebündelt, geordnet und niedergeschrieben wird. Auch dieses Buch ist das Ergebnis einer solchen Wühlkiste aus Ideen, Haltungen, Kritiken und Überlegungen. Mit James C. Scott könnte man sagen, dass es ein »infrapolitisches« Projekt gibt, die Dinge – in diesem Fall: das, was wir »Eigentum« nennen neu zu denken, und dieses Buch ist ein Versuch dessen. Deswegen bedanke ich mich bei allen, die etwas hierzu beigetragen haben: vor allem Barbara Heindl. Ich danke ihr dafür, dass sie mir tragen hilft. Iris Därmann danke ich für sehr viel und hier insbesondere für ihre Hinweise auf Erving Goffman und Primo Levi und für ihre Unterstützung in Zeiten geschlossener Bibliotheken. Ich danke Stephan Zandt, besonders für den Begriff der Verschachtelung, Dorothee Kimmich für eine kritische und wohlwollende Lektüre. Ich danke Katharina Rahn, die organisiert hat, dass uns jemand die Stadt zeigt, der in ihren Straßen statt in ihren Wohnungen lebt, und Neela Janssen für eine Korrektur. Thomas Macho danke ich für kritische Hinweise dazu, ob der Loculus ein utopischer Ort ist. Für Hinweise und Tipps danke ich Sara Bangert, Holger Brohm, Peter Brunsberg, Laura Busse, Sarah Colvin, Nina Franz, Jule Govrin, Karin Harrasser, Lukas Held, Waldemar Isak, Marie Kolkenbrock, Britta Lange, Antonio Lucci, Jasmin Mersmann, Morten Paul und Hendrik Stoppel, die alle auf die eine oder andere Art geholfen haben. Ebenso danke ich Tilman Vogt, meinem Lektor bei Matthes & Seitz Berlin, der diesen Text und meine Gedanken so viel klarer gemacht hat. Den Zuhörer*innen bei den Vorlesungen und Vorträgen, die ich über dieses Thema halten durfte, danke ich für die klugen Nachfragen und Diskussionsbeiträge.

Anmerkungen

1 Gilbert Keith Chesterton, *Die Wildnis des häuslichen Lebens,* übers. v. Joachim Kalka, Berlin 2006, S. 139 f.

2 Dorothee Kimmich, *Lebendige Dinge in der Moderne,* Konstanz 2011, S. 61 f.

3 Gaston Bachelard, *Poetik des Raumes,* übers. v. Kurt Leonhard, Frankfurt a. M. [11]2017, S. 100.

4 Georges Perec, *Träume von Räumen,* übers. v. Eugen Helmlé, Zürich/Berlin 2016, S. 29.

5 Walter Benjamin, »Erfahrung und Armut«, in: ders., *Gesammelte Schriften,* hrsg. v. Rolf Tiedemann und Hermann Schweppenhäuser, Band II/1, Frankfurt a. M. 1991, S. 213-219, hier S. 219.

6 André Leroi-Gourhan, *Die Religionen der Vorgeschichte. Paläolithikum,* übers. v. Michael Bischoff, Frankfurt a. M. 1981, S. 13 f.

7 Ebd., S. 166.

8 Ebd., S. 71.

9 Ebd.

10 Dass unerwarteterweise in den ganz materiellen Dingen eine Art Wissen von der eigenen Ewigkeit liegen kann, beschreibt Cesare Pavese in einem Tagebucheintrag: »An die Dinge glauben heißt, etwas nach dem eigenen Tod bestehen lassen und, im Leben, die Befriedigung haben, mit dem in Berührung zu kommen, was auch nach uns noch bestehen wird.« (Cesare Pavese, *Das Handwerk des Lebens. Tagebuch 1935-1950,* übers. v. Maja Pflug, München 2001, S. 170.)

11 Nikolaus Dietrich, *Das Attribut als Problem. Eine bildwissenschaftliche Untersuchung zur griechischen Kunst,* Berlin 2018, S. 25.

12 Ebd., S. 32.

13 Thorstein Veblen: »The Beginnings of Ownership«, in: *The American Journal of Sociology* 4/3 (1989-99.), S. 350-365, hier S. 355 [wenn nicht anders angegeben stammen die Übersetzungen hier und in der Folge vom Autor].

14 Ebd.

15 Ebd., S. 356.

16 Matthäus 6,19.

17 Sigmund Freud, *Totem und Tabu. Einige Übereinstimmungen im Seelenleben der Wilden und der Neurotiker,* in: ders., *Gesammelte Werke,* hrsg. v. Anna Freud u. a., Band 9, Frankfurt a. M./London 1968, S. 33.

18 Ursula K. Le Guin, »The Carrier Bag Theory of Fiction«, in: Cheryll Glotfelty und Harold Fromm (Hg.), *The Ecocriticism Reader. Landmarks in Literary Ecology*, Athens 1996, S. 149-154, hier S. 151, zuerst in: Ursula Le Guin, *Dancing at the Edge of the World*, New York 1986.

19 Pierre Clastres, *Staatsfeinde. Studien zur politischen Anthropologie,* übers. v. Eva Moldenhauer, Konstanz 2020, S. 157.

20 Marshall Sahlins, *Stone Age Economics,* Chicago/New York 1972, S. 266.

21 James C. Scott, *Against the Grain,* New Haven 2017, S. 84.

22 Le Guin, »The Carrier Bag Theory of Fiction«, S. 151.

23 Ebd. Dass Häuser auf dieselbe Weise Behältnisse sein können wie Körbe, ist in einer Kultur noch plausibler, die dafür dieselben Materialien verwendet. Claude Lévi-Strauss beschreibt dies in *Traurige*

Tropen, übers. v. Susanne Heintz, Berlin 1960, auf den Seiten 216 f.

24 Émile Durkheim, *Physik der Sitten und des Rechts. Vorlesungen zur Soziologie der Moral,* übers. v. Michael Bischoff, Frankfurt a. M. 1998.

25 In den Begriffen der philosophischen Postmoderne könnte hier mit Deleuze und Guattari argumentiert und die geschichtsphilosophische These aufgestellt werden, dass unter der römischen Hegemonie das kulturelle Rhizom der europäischen Kleinstkulturen zwischen Atlantik und Kaspischem Meer einem zentralisierten Baummodell unterworfen wurde, dessen Stamm auf den sieben Hügeln Roms wurzelte und das sich zu seinem Ende hin folgerichtig ins Christentum übersetzte, das vorläufig seine zentralisierte Herrschaft fortsetzen konnte.

26 Marcus Cornelius Fronto, *Correspondence with Marcus Aurelius Antoninus, Lucius Verus, Antoninus Pius and various Friends*, Band 1, London/New York 1919, S. 207 [eigene Übersetzung].

27 Flavius Vegetius Renatus, *Epitoma rei militaris,* hrsg. v. Carolus Lang, Stuttgart 1885, S. 61 [eigene Übers. unter Zuhilfenahme der Übersetzung von N. P. Milner, Liverpool 1993].

28 Ebd.

29 Was Soldaten bei sich tragen, ist über die Jahrtausende erstaunlich gleich geblieben. In *Was sie trugen*, übers. v. Regina Rawlinson, München 1999, beschreibt Tim O'Brien detailliert die Gegenstände, die die einzelnen Mitglieder eines Platoons im Vietnamkrieg dabeihatten. Man erkennt eine Verschiebung vom Nah- zum Fernkampf, die durch die Einführung und Effizienzmaximierung der auf Distanz tötenden Feuerwaffe geschehen ist, aber ansonsten ist nicht nur ihre Ausrüstung weitgehend dieselbe

geblieben, sondern auch ihr intimer Zusatzbesitz scheint fast unveränderlich.

30 Friedrich Nietzsche, *Menschliches, Allzumenschliches*, in: ders., *Kritische Studienausgabe*, hrsg. v. Giorgio Colli und Mazzino Montinari, Band 2, Berlin/New York 1980, S. 322.

31 Hesiod, *Werke und Tage. Griechisch/Deutsch*, übers. v. Otto Schöneberger, Stuttgart 1996, S. 59.

32 Würde man die Überlegungen zum Loculus ins Theologische überdehnen wollen, wäre es ein Leichtes, die Bundeslade als Gottes Loculus zu bezeichnen: Sie ist der Ort, an dem die von ihm geheiligten irdischen Gegenstände aufbewahrt werden, und sie ist gleichzeitig der Ort der *Schechina*, die Wohnstatt und Markierung seiner Präsenz auf der Welt: Jede Berührung dieses Loculus ist ein Sakrileg. Religionssoziologisch könnte man darauf antworten, dass die Bundeslade damit wohl eher der Loculus der jüdischen Gemeinschaft sei als derjenige Gottes, aber streng genommen würden diese beiden Besitzansprüche wohl zusammenfallen.

33 Markus 6,8.

34 Ebd. Im Verbot der doppelten Bekleidung klingt ein wenig das Doppeltlegen von Diogenes' weiter unten besprochenem Mantel an. Dass es unter den spätantiken Christen aber auch Kyniker gegeben hat, lässt sich daran erkennen, dass Augustinus in *Vom Gottesstaat* schlecht über sie spricht.

35 Nicht besprochen werden hier die Formen der Pervertierung der jesuanischen Lehre, in denen Eigentumssteigerung zum Kern der religiösen Praxis wurde und die gegenwärtig in verschiedenen Formen eines frommen oder säkularisierten Protestantismus dominant sind. Es gibt Momente, in denen

wünscht sich Gott, in der Grabhöhle bei Jerusalem verrottet zu sein.

36 Giorgio Agamben, *Höchste Armut. Ordensregeln und Lebensform (Homo Sacer IV/1),* übers. v. Andreas Hiepko, Frankfurt a. M. 2012.

37 Der heilige Franziskus soll einmal den Lerneifer eines Studenten mit dem Spruch »Unus solus daimon plus scit quam tu« ausgebremst haben. Ein einziger noch so unbedeutender Dämon habe immer mehr Wissen als ein Mensch, so sehr er sich auch bemüht.

38 In einigen Beschreibungen wird angedeutet, dass die Kischte als Zeichen besonderer Frömmigkeit später im Leben von den Hutterern wieder aufgegeben wird.

39 Erika Dettmar, »Armut/Reichtum«, in: Christoph Auffarth u. a. (Hg.), *Metzler Lexikon Religion. Gegenwart — Alltag — Medien,* Band 1, Stuttgart/Weimar 2005, S. 90-94, hier S. 93.

40 Karl Marx, »Randglossen zum Programm der deutschen Arbeiterpartei«, in: ders. und Friedrich Engels, *Werke,* Band 19, Berlin 1987, S. 15-32, hier S. 21.

41 Gerhard Mumelter, *Die Hutterer. Tiroler Täufergemeinden in Nordamerika,* Bozen 1986, S. 78 f.

42 Die hier aufgeführte Liste ist weitgehend Gerhard Mumelters Beschreibung der hutterischen Alltagskultur entnommen.

43 Robert Louis Stevenson, *Die Schatzinsel,* übers. v. Ferdinand Ginzel und Hans Seiffert, Berlin 1956, S. 31.

44 Günter Eich, »Inventur«, in: ders., *Sämtliche Gedichte,* hrsg. v. Jörg Drews, Frankfurt a. M. 2006, S. 42 f.

45 Walter Benjamin, *Einbahnstraße,* in: ders., *Gesammelte Schriften,* hrsg. v. Rolf Tiedemann und Hermann Schweppenhäuser, Band IV.1, S. 83-148, hier S. 115 [Kapitälchen im Original].

46 Sigmund Freud, *Bruchstück einer Hysterie-Analyse,*

in: ders., *Gesammelte Werke,* hrsg. von Anna Freud u. a., Band 5, Frankfurt a. M. 1968, S. 161-286, hier S. 187. Bemerkenswert ist, dass Freud den Fall zurückdatiert und ihn als am 31. Dezember 1899 abgeschlossen verzeichnet. Der Kommentator der *Studienausgabe* wundert sich über diese hartnäckige Fehlleistung Freuds, denn der Fall wurde nachweislich erst später beendet. Berücksichtigt man, dass Freuds 1899 erschienene Traumdeutung strategisch auf 1900 vordatiert wurde, um sie an den Beginn eines neuen Jahrhunderts zu stellen, wird in dieser Datumspolitik deutlich, dass sich Freud rückwirkend von diesem Fall distanziert und ihn seinem Frühwerk (des vorigen Jahrhunderts) zugerechnet sehen wollte.

47 Ebd., S. 101, Fn. 1.

48 Ebd., S. 274.

49 Ebd., S. 257.

50 Für Freuds spätere Interpretation der Moses-Geschichte habe ich dies in *Diebe. Die heimliche Aneignung als Ursprungserzählung in Literatur, Philosophie und Mythos,* Paderborn 2016, auf den Seiten 169 ff. versucht.

51 Sigmund Freud, *Bruchstück einer Hysterie-Analyse,* S. 225 [Kursivierung im Original].

52 Ebd., S. 259. Dass ein Schlüssel zu einem Schränkchen oder einer Schachtel nichts anderes sein kann als Penis und Vagina, steht außer Frage: »*Wo ist der Schlüssel?* Scheint mir das männliche Gegenstück zur Frage: Wo ist die Schachtel? […] Es sind also Fragen – nach den Genitalien.« Ebd., S. 260 [Kursivierung im Original gesperrt].

53 Carson McCullers, *Das Herz ist ein einsamer Jäger,* übers. v. Susanna Rademacher, Zürich 2013, S. 388 [Kapitälchen im Original].

54 Freud, *Totem und Tabu*, S. 33.

55 Walter Benjamin *Berliner Kindheit um Neunzehnhundert*, in: ders., *Gesammelte Schriften*, hrsg. v. Rolf Tiedemann und Hermann Schweppenhäuser, Band IV.1, S. 235-304, hier S. 243.

56 Ebd., S. 290.

57 Theodor Fontane, *Effi Briest*, in: ders., *Gesammelte Werke*, Band 9, Berlin 1905, S. 286.

58 Oscar Wilde: *Bunbury oder Ernst sein ist alles*, übers. v. Peter Torberg, Weinheim o. J., S. 21.

59 Silvia Federici, *Caliban und die Hexe. Frauen, der Körper und die ursprüngliche Akkumulation*, übers. v. Max Henninger, Wien 2012, S. 251.

60 John Skolle, *Azalaï*, New York 1956, S. 49. Zitiert nach: Erving Goffman, »Das Unterleben einer öffentlichen Institution: Eine Untersuchung über die Möglichkeit, in einer Heilanstalt zu überleben«, in: ders., *Asyle. Über die soziale Situation psychiatrischer Patienten und anderer Insassen*, übers. v. Nils Lindquist, Frankfurt a. M. 1973, S. 169-304, hier S. 239.

61 Hannah Arendt, *Denktagebuch 1950-1973*, Band 1, München 2002, S. 310.

62 Primo Levi, *Ist das ein Mensch? Ein autobiographischer Bericht*, übers. v. Heinz Riedt, München 2010, S. 54.

63 John Berger und Jean Mohr, *Der siebte Mensch. Eine Geschichte über Migration und Arbeit in Europa*, übers. v. Nils Thomas Lindquist, Frankfurt a. M. 2016, S. 196.

64 Erving Goffman: »Über die Merkmale totaler Institutionen«, in: ders., *Asyle. Über die soziale Situation psychiatrischer Patienten und anderer Insassen*, übers. v. Nils Lindquist, Frankfurt a. M. 1973, S. 13-124.

65 Gresham M. Sykes, *The Society of Captives. A Study of a Maximum Security Prison*, Princeton 2007, S. 69.

66 Goffman beschreibt die Enteignungsszene bei der Einweisung in psychiatrische Einrichtungen so: »Wenn Patienten ins Central Hospital eingeliefert werden, besonders wenn sie bei der Aufnahme erregt oder depressiv waren, wurde ihnen verboten, ihre Sachen an einem privaten, für sie zugänglichen Ort unterzubringen. Ihre Zivilkleidung z. B. wurde in einem Raum gelagert, den sie nicht nach ihrem eigenen Gutdünken betreten durften. Ihre Barschaft wurde im Verwaltungsgebäude aufbewahrt und war ohne die Erlaubnis ihres medizinischen oder legalen Vertreters nicht erreichbar. Wertgegenstände oder zerbrechliche Dinge, wie falsche Zähne, Brillen, Uhren usw., die häufig ein integraler Bestandteil des Körper-Images sind, wurden außerhalb der Reichweite des Besitzers verschlossen.« (Goffman, »Das Unterleben einer öffentlichen Institution«, S. 240).

67 Michel Foucault, *Die Heterotopien. Der utopische Körper. Zwei Radiovorträge*, übers. v. Michael Bischoff, Frankfurt a. M. [2]2014. Der einzige Ort, dem Foucault andeutungsweise kein heterotopisches Potenzial attestiert, ist rätselhafterweise eine Mühle (S. 18).

68 Ebd., S. 18.

69 Dass diese Schätze im Fall von Museen viel zu häufig aus der ganzen Welt zusammengeraubt sind, schränkt das utopische Potenzial insbesondere ethnologischer Museen deutlich ein. Bibliotheken dagegen sind nichts anderes als Wirklichkeit gewordene Utopien.

70 Ebd., S. 16.

71 Ebd., S. 18.

72 Alle Kulturen nehmen ihre Selbsterklärungen als pragmatisch wahr; Irrationalität liegt immer bei

den anderen. Daher sind Ethnologie und Anthropologie so wichtig für den Wissenschaftsdiskurs: Sie sind diejenigen Wissenschaften, die das Selbstverständliche als Fremdes zu begreifen verstehen.

73 Georges Perec, *Warum gibt es keine Zigaretten beim Gemüsehändler?*, übers. v. Eugen Helmlé, Zürich/Berlin 2014, S. 5-8. Auf diesen drei Seiten findet sich die vielleicht beste, sicherlich aber knappste und begeisterndste Beschreibung der Struktur und Motivation kulturwissenschaftlicher Fragestellungen.

74 Zitiert nach: Gilles Deleuze, *Die Falte. Leibniz und der Barock*, Berlin [7]2017, S. 52.

75 Erving Goffman, »Territorien des Selbst«, in: ders., *Das Individuum im öffentlichen Austausch. Mikrostudien zur öffentlichen Ordnung*, übers. v. Renate u. Rolf Wiggershaus, Frankfurt a. M. 1982, S. 54-71, hier S. 68.

76 Ludwig Wittgenstein, *Philosophische Untersuchungen*, in: ders., *Werkausgabe*, Band 1, Frankfurt a. M. 1984, S. 225-618, hier S. 373 [Kursivierung im Original]. Drei von Ludwig Wittgensteins sieben Geschwistern nahmen sich das Leben. Nimmt man diesen biografischen und familiären Hintergrund ernst, erhält Wittgensteins intensives Nachdenken über die Schwierigkeit, inneren Schmerz auszudrücken, eine zusätzliche, bedrückende psychische Intensität.

77 Ebd., S. 373.

78 Ebd.

79 Ebd. [Kursivierung im Original].

80 Ebd., S. 300 [Kursivierung im Original].

81 Ebd., S. 262.

82 Jean Paul Marat, *Plan de Législation Criminelle*, Paris 1790, S. 19.

Erste Auflage Berlin 2020

MSB Matthes & Seitz Berlin
Verlagsgesellschaft mbH
Gohrener Str. 7 | 10437 Berlin
info@matthes-seitz-berlin.de

Satz: Monika Grucza-Nápoles, Berlin
Druck und Bindung: Art Druk, Szczecin
Umschlaggestaltung nach einer Idee
von Pierre Faucheux
ISBN 978-3-95757-861-7
www.matthes-seitz-berlin.de